述情的力量

如何让别人理解我？

赵永久——著

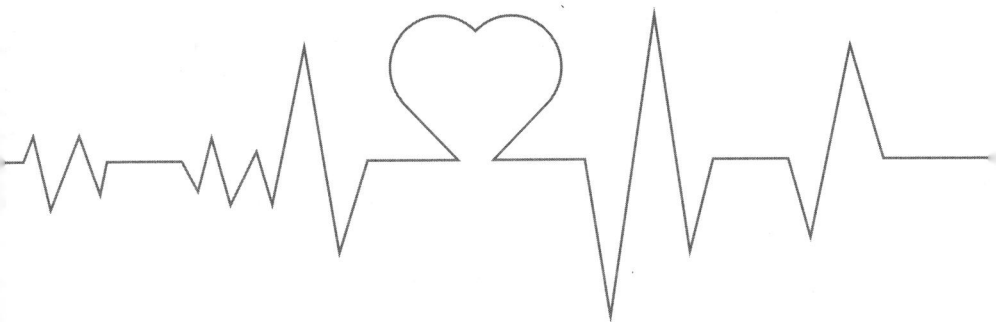

GUANGXI NORMAL UNIVERSITY PRESS
广西师范大学出版社
·桂林·

SHUQING DE LILIANG: RUHE RANG BIEREN LIJIE WO?
述情的力量：如何让别人理解我？

图书在版编目（CIP）数据

述情的力量：如何让别人理解我？ / 赵永久著. --
桂林：广西师范大学出版社，2023.4
ISBN 978-7-5598-5746-0

Ⅰ．①述… Ⅱ．①赵… Ⅲ．①心理交往－通俗读物
Ⅳ．①C912.11-49

中国国家版本馆 CIP 数据核字（2023）第 016176 号

广西师范大学出版社出版发行

（广西桂林市五里店路 9 号　邮政编码：541004）

网址：http://www.bbtpress.com

出版人：黄轩庄

全国新华书店经销

广西民族印刷包装集团有限公司印刷

（南宁市高新区高新三路 1 号　邮政编码：530007）

开本：880 mm × 1 240 mm　1/32

印张：7　　　字数：156 千字

2023 年 4 月第 1 版　　2023 年 4 月第 1 次印刷

定价：68.00 元

自序

　　述情作为一种能力，对于表达自己、与人沟通而言是非常重要的，可以说没有述情的能力，我们就难以真正地让别人理解我们，也难以真正地与别人建立心与心的连接。

　　遗憾的是，我在这些年的工作中越来越发现，述情这种能力目前还并不为更多人所认识和熟练掌握。最直接的原因是，很多人从小成长的环境中缺少述情的氛围，也可以说是缺少一种对自己的内心感受时刻保持觉察与面对的习惯。实际的生活中，很多人更多关注的是对错、面子等，而非自己的感受。

　　这会给人们的心理健康、情感生活、人际关系，甚至职业发展等都带来不利的影响。更为重要的是不少人还没有意识到这一点，就像在没有互联网的时代，人们也不会意识到互联网的缺失会给人们的生活带来多么大的影响。

　　在我们的生活环境当中，你从小到大会听到很多人在聊天、沟通，甚至吵架。如果你仔细去听大家所说的内容，就不难发现，除了最近发生的新鲜事等信息资讯外，人们所表达的要么是自己对一些人和事物的看法、评价，要么是抱怨等情绪的宣泄。即便在聊天的内容涉及眼前这个人时，大家也都很少提及自己的感受。

比如大家通常会说：

"你这么做是不是很不合适？"

"你这个人太不够意思了！"

"我为你付出那么多，你还说我自私！好，既然我自私，以后你的事情别找我了。"

"那个人很厉害。"

"这个人太差劲了。"

等等。

这些，都不是述情。

述情，简单来说就是真实地表达自己内心的感受。这也是生活中人与人之间沟通的核心。**在很多情况下，沟通的目的除了传递信息以外，就是要获得彼此在感受层面上的理解与共鸣。**人际之间，不谈感受的沟通也根本算不上心与心的沟通，是没有打开自己的沟通，其深度与质量也都是不够的。在这种情况下，尽管我们都身处人群中，但在心灵层面上，我们其实都还活在孤独之中。

不过，虽然述情还不为太多人熟知和掌握，但这种表达方式却也并不是现在才有的。古语"晓之以理，动之以情"中所说的"动之以情"虽然并不完全直接等同于述情，但也足以说明古人早就懂得要想使沟通有效，表达和关注感受是必不可少的。

近代以来，随着心理学的发展，心理学界对述情也已经有了更多的关注和研究。不少心理学家也注意到了述情与人们的心理健康之间的联系，他们发现那些不会述情的人，更容易出现心理和人际交往等方面的问题。

20世纪70年代，已经有心理学家定义了"述情障碍"（Alexithymia）这一概念，也有心理学家称之为情感难言症，并明确指出了不会述情不仅是一种情绪表达方面的障碍，也是一种对自己情绪觉察的缺失。心理学家还发现对他们进行谈话式的心理治疗也往往较为困难，因为他们无法表达自己的感受。此后，心理学家们陆续开发出了一些量表，以此来帮助人们测量自己是否存在"述情障碍"。

后续的心理学家也在持续关注述情，并取得了一些理论发展。

美国家庭治疗大师维吉尼亚·萨提亚提出的一致性沟通理论，主张沟通时要表里一致，还要兼顾自己和他人的感受，以及当时的情境，其中提到的表达自己感受的部分就有述情的色彩。她的理论强调"表里一致的第一层次主要关注与我们的感受保持接触，接纳它们，向别人承认它们，以及对它们进行处理"。

人本主义心理学之父卡尔·罗杰斯的学生马歇尔·卢森堡博士提出的非暴力沟通理论模型，主张尊重、关注与爱，使人乐于互助而非暴力相向，其理论核心也包含了述情的内涵。

可以说，当前，但凡一个心理学家在谈沟通，就一定是少不了述情这个内容的，因为人与人之间最深入的沟通一定包含了感受层面的交流。

不过，他们所探讨的往往都是整个沟通过程，同时兼顾了述情和共情①两种能力，既关注到了表达自己感受的方面，也关注到了

① 也译作同理心，这两个词都是由 "empathy" 这个英文单词翻译而来的。在实际应用中，同理心更多被用作名词，共情更多被用作动词。

聆听、理解、接纳对方感受的方面。萨提亚的理论甚至关注到了沟通时彼此所处的情境这个角度。这些都属于宏观地研究人与人之间整个沟通过程的做法，其意义和贡献都是非常重大且卓越的。

相对他们的研究，我想要探讨的则更微观一些。首先，我只想重点关注述情这一部分的内容，也就是关于表达自己的这个部分，这与他们既关注表达自己，又关注倾听、理解对方有所不同。**我的目的是希望通过聚焦于对述情的深入探讨，让大家可以对述情的概念和意义有更深的理解，对述情能力有更加清晰的认识和更多关注。**

其次，我也觉得，在实际的生活中，相对于理解他人的感受，表达自己的感受被不少人忽视得更严重一些。比如，单就"共情"和"述情"这两个词而言，我相信对"述情"一词感到陌生的人肯定会更多一些。**如果有一天大家对"述情"这个词的熟悉程度也能像对"共情"一样，我想我的目的就达到了。**

同时，我还想从精神动力学①的角度对述情这种能力的心理背景及形成原因，以及对那些不擅长述情的人的心理原因做一些更深入的探讨，从而方便大家更有针对性地结合自身情况去学习和提升述情能力。

除此之外，我还会介绍一些述情的方法、时机、句型等，方便大家实践；还设计了一些练习，并提供了一些常用感受词的例句，希望可以对大家阅读本书后的自我练习有所帮助。

---

① 又称动力心理学、心理动力学或精神分析学，认为人的各种行为背后由强大的潜意识力量驱动。由奥地利精神病医生西格蒙德·弗洛伊德（1856年5月6日—1939年9月23日）的理论发展而来。

希望我所做的工作是对之前的心理学家所做工作的深入和细化，更希望可以帮助到更多人提升述情能力，从而拥有更加幸福美满的生活。

本书中的案例，大多来自我的亲身经历或观察，希望这样可以离大家的生活更近一些，方便大家理解。为了保护学员和来访者的隐私，书中所涉及的案例都已经进行了抽象化和匿名化处理，并不会特指某个具体的学员或来访者。

十几年来参加我线下课程①的学员在课后给予的反馈，让我对于述情能力有了更深入的认识和理解，对于我完善本书的理论体系很有帮助，在此向他们表示感谢！

感谢广西师范大学出版社的刘汝怡女士在本书成稿和出版过程中给予的支持和帮助。

述情这种能力是很多人所不熟悉的，对于那些原来说话时喜欢讲道理、论对错的人而言，想要发展这种能力无异于重新学习说话，的确是一个需要下点功夫的过程。不过，当你开始使用这样的方式与人沟通时，你可能很快就会发现它的效果与魅力了。

如果你以前并不擅长述情，如果你希望在生活中可以获得爱人、父母、朋友、同事、孩子……更多的理解，那就可以从这本书开始，通过练习提升自己的述情能力。

述情，是用自己内心深处的柔软去连接他人内心深处的柔软，

---

① 指作者自 2008 年起在北上广等地开办的《爱的能力》系列线下课程。——编者注

就像是从自己的内心伸出一只触角，去连接那只从他人内心深处伸出的触角。一旦连接成功，你就不再是独自一个人，也不再孤独，而是与他人在一起、与这个世界在一起的。

希望我们都能有与我们在一起的人！

希望这本书能对你有所帮助！

赵永久

2022 年 2 月 3 日于北京

目录
CONTENTS

第一部分

述情是打开自己的心

"这不公平！"

"这件事很正常！"

"他不应该这么做！"

"我觉得他看不起我！"

不管是在上课时，还是在咨询中，当人们告诉了我他们生活中所发生的一些事情后，为了能够帮助他们，我通常会问："当时，你内心的感受是什么？"然后，我经常能听到类似上文这样的回答。

生活中很多需要谈论自己内心感受的时候，我们中的不少人都会以为类似上面的回答就是在表达自己的感受。可是这些真的是感受吗？可以肯定地说，这些都不是感受，而是人们对事情或对别人的评价。

很多人在日常说话时，也往往都是这样表达。这很可能意味着，很多人并不能清晰地辨别什么是自己内心的感受，什么是自己的评价。如果是这样的话，他们当然也较难准确地表达出自己内心的感受。

人与人之间最为深入的关系，本质上是心与心的关系，是需要靠感受来建立并互动的。无法清晰地表达感受，就难以与他人建立深入的情感关系，也会影响到一个人所建立的各种人际关系的质量。

比如在亲密关系中，如果不交流感受，对方就会觉得自己像是在和一个木头生活，枯燥、乏味、缺少温度，也无法亲近与理解。

再比如在亲子关系中，如果父母不与子女交流感受，子女就无法发展出强大的内心和丰富的精神世界，甚至会觉得自己一直活在孤独中。这也是很多青少年会抑郁甚至出现自杀倾向的原因之一。

还比如在与家人之外的人际关系中，如果不交流感受，就难以有真正知心的好朋友。因为别人会觉得无法真正理解这个人，也不被这个人所理解。

同学、同事、朋友间相处，比如，相互吐槽时，如果说的不只是自己的评价，更包含了自己的体验与感受，就会容易拉近心与心的距离。

心理学里有个概念叫述情障碍（Alexithymia），又叫情感难言症，指的是一个人无法感知、命名、表达自己的感受。不会表达感受的人，其实是存在一定程度的述情障碍的。

人内心的感受有很多种，它们共同组成了一个庞大而复杂的包含情绪、情感、心境三者在内的感受集团。有严重述情障碍的人，通常除了愤怒和恐惧两种体验特别强烈的情绪外，对于其他感受的感知和认识似乎一片空白。就像颜色本来可以细分为无数种，但在他们的世界里，只有黑和白两种一样。

而极其严重的述情障碍者根本意识不到自己的任何感受，他们就像没有感受功能一样。不过，之所以会出现这么严重的情况，往往是因为他们与情绪相关的某些大脑器官出现了问题。韩国作家孙元平在其所著的小说《杏仁》中虚构了一个有述情障碍的男孩儿。他因为大脑中与情绪功能相关的器官"杏仁核"天生发育不良，缺少情绪功能，当他的外婆和妈妈在他面前被人杀死时，他也一点不恐惧，不悲伤，因而被人称为"怪物"。

虽然小说是虚构的，但其中描述的因大脑中杏仁核发育不良而导致情绪功能缺失的现象，却有可能是真实存在的。并且不只是杏仁核，在情绪产生的过程中人脑的多个器官都参与了情绪信息的加工，比如右脑、前额叶、扣带回、海马体，及连接左右大脑的胼胝体等。这些部位的损伤、病变或发育不良，都可能会影响到人们对内心感受的感知与表达。

不过，这种情况是大脑的器质性问题导致的，而非心理原因所致，因此不在本书的探讨范围内。

心理原因所致的严重述情障碍是儿时养育出现问题的结果。如果一个孩子在成长的过程中，养育者[①]一点也不关注他的感受，而是一直以养育者自己的感受为中心，甚至经常打压和否定他的感受，他就可能会把自己的真实感受完全隐藏起来，只用智力和理性来与外界打交道。这就导致在日常生活中，他们对任何事情都可能只是从理性角度来理解的，平常做决定也往往是参照别人所谓的正确标准，没有外界提供的参考标准他们就什么事情也做不了。

他们往往需要依据"大多数人都觉得是对的"，或"遇到同样的情况大多数人会如何做"作为生活的标准去决策和行动。比如在找对象时，他们可能不知道自己喜欢什么样的人，这样就只能完全

[①] 因为在实际的生活中，孩子的养育者并不一定是他们的父母，所以本书在某些地方提到养育孩子的人时，会使用"养育者"一词，而非"父母"一词。

依据对方的外在条件来选择。因此学历、身高、收入、家庭、工作等很容易地就成了他们择偶时的绝对标准。

做任何事情时，他们想的都是应该怎么做，而不是他们的内心想怎么做。甚至在做家务时，如果没有人告诉他们具体标准，他们中的一些人也会为应该做到什么程度而困扰，比如，碗要洗多少遍才算干净等。

他们还可能从小学习很好，甚至是天才儿童。而这是因为儿时当他们内心的感受被隐藏起来、不再起作用之后，他们不得不过早地启用智力来应对外界，从而使得他们比其他同龄孩子的智力发展得要更早一些。

但长大之后，一旦进入了社会，他们很快就会意识到自己和别人不一样，他们可能无法理解别人，别人也经常难以理解他们。他们还可能对他人具有依赖性，通常会在建立和维系亲密关系，以及在职场人际交往中遇到重重困难。

不过，这也只是少部分人会出现的较为严重的情况。也就是说，述情障碍并不是只有完全障碍和完全不障碍两种情况，而是一个从完全障碍到完全不障碍的连续谱，我们中的不少人可能都处在中间的某个位置上。

比如有一些人，当遇到一些事情时，特别是在受委屈的情况下，他们的内心体会不到什么感受，但眼里却在流泪。这说明他们心里是有感觉的，只是没有被意识到，这是内心的感受被隔离起来了。

也有一些人，他们可以体会到自己的感受，但不知道那些感受具体应该叫什么名字，只会用很笼统的词语来表达自己，比如难受、不舒服、堵得慌等。

中文里用来表达感受的词语至少有两百个之多，但他们就只会用那么几个，这就会导致别人理解他们时有一定困难。并且当他们表达感受时，因为会使用的感受词实在太有限，就容易变成心里委屈了说"我不舒服"，焦虑了也说"我不舒服"，生气了也说"我不舒服"，身体哪里痛了也说"我不舒服"，别人听多了也很容易觉得不舒服。

还有一些人，他们知道自己心里的感受大概是什么，但就是说不出来。就像让一些农村地区的老人对他们的老伴说"我爱你"一样，他们心中可能的确是有着浓烈情感的，但说出来就是很困难，会感觉到害羞、不好意思。

这跟他们儿时的成长环境中人们都不这样表达，或很多人会把表达自身情感这一行为视为脆弱、矫情等有关系，导致了他们感受的自由流动被强烈的羞耻感深深地禁锢着。这种情况下，很多人顶多是在喝了酒之后才可以表达一些感受，并且这还是因为酒精抑制住了那些羞耻感，使得内心的情绪可以得到一定的释放。这也会使得一些人更喜欢喝酒。因此，不少人会发现有一些人平时一般不跟自己联系，一旦联系就是在喝过酒之后。

整体上看，很多人都存在着述情障碍，但程度不同，具体的障碍也有所不同。严重的述情障碍，往往伴随着人格不够成熟的问题，需要专业的心理帮助。程度较轻的，特别是那些内心本来有感受，但因为所处的成长环境中大家都不表达，所以就不习惯表达，也不太知道如何表达的人，是可以通过自身的努力提升述情能力的，这也应该是占比更大的群体。

这些年，我一直在开办一些与提升述情能力相关的线上和线下课程。很多学员课后也都反馈说，通过上课，他们的述情能力的确得到了提升，这对他们的亲密关系、亲子关系、工作、友谊等都有一定的影响。

这也是本书的目的，希望我对述情的详细介绍，可以帮助大家提升这种能力。

第一章

被人理解也是一种能力

我们都知道，理解他人是一种能力。我们说某某人善解人意、某某人共情能力强、某某人情商高时，往往是说这个人理解他人的能力较强，会比较在意别人的感受，这样的人也的确更容易有好的人际关系。

但实际上，能够很容易地被他人理解，也是一种能力。一个人如果只会理解他人，而无法让他人理解自己的话，人际关系也是容易出现问题的。

在那些长期相处的人际关系中，善于理解他人，可以让他人从我们这里获得情感上的支持。但如果只是我们在单方面提供情感支持的话，我们在这个关系中就一直是被消耗的一方，时间久了，我们很可能就不喜欢这样的关系了。毕竟我们也是人，精力是有限的，并且也有被支持的需要。

能够让对方也理解自己，自己也从与对方的关系中获得一些情感上的支持，关系才会是相互的，才会长久。人际关系中，除了亲

子关系外，其他的如亲密关系、朋友关系，都有着类似的规律。其实亲子关系也有相互性，只是子女对父母的情感支持需要更长时间才能体现出来，至少要在子女懂事之后，有能力理解和支持他人的时候，甚至是成年之后。

在实际的生活中，相对于理解他人的能力而言，我们对于被他人理解的能力关注得更少一些。而被他人理解的能力几乎就等同于表达自己的能力，特别是表达自己感受的能力。

袒露程度，决定了被人理解的难易程度

述情，就是表达自己内心的感受。相对而言，一个会表达自己感受的人，与一个不会表达的人，肯定是前者更容易被人理解。而表达又可以理解为袒露，也可以说一个人愿意在多大程度上袒露自己，几乎就决定了他可以在多大程度上被人理解。

关于这一点，我常在课堂上举一个例子来说明：假设我正在讲课，忽然感觉肚子痛，需要去一下厕所。我设想了三种对我的感受、想法、行为等袒露程度不一的表达方式，并进行了现场演示，让大家体验一下这三种不同的方式带来的感受有什么不同。

表达方式一：

我什么也不说，忽然就放下话筒，走了出去，十分钟后回来了。

表达方式二：

我对大家说"我出去一下！"然后放下话筒走了出去，十分钟后回来了。

表达方式三：

我对大家说"我肚子疼，需要去一下洗手间！"然后放下话筒走了出去，十分钟后回来了。

之后我让大家谈谈这三种不同的表达方式带给他们的感受，得到的回答如下：

演示第一种方式时，很多同学说他们感到愤怒，心里着急，也有的说有一点莫名其妙的头疼、胃不舒服等躯体反应。

演示第二种方式时，他们说心里好受一些，但还是会有着急、心烦等负面的感受，头疼、胃不舒服的躯体反应虽然会变得轻一些，但有的人还是会有这些感觉。

演示第三种方式时，大家几乎都会说担心我，但心里不会有任何愤怒、心烦等不满的感觉，头疼、胃不舒服也没有再出现。

这三种方式其实就代表了生活中在表达自己方面，三种袒露程度不同的人。通过这个环节，大家可以很清晰地感受到在发生同样的事情时，不同的袒露程度带给他人的感觉差别有多大。

第一种方式中，我直接走了出去，并没有说为什么要出去，也没有说出去要干什么。大家除了好奇、纳闷儿外，还会感觉到不被尊重：自己付费来上课，老师居然在上课时走了，却没有任何解释，感觉自己没有被老师尊重。这其实也就是我们常说的，很多时候，遇到事情要和别人打个招呼、说一声，这样别人就会感到被尊重了。

比如：

别人不在时要借用别人的东西。

约了朋友近期聚会但最近突然太忙抽不出时间。

借了别人的钱，但到了说好的还钱时间却还不上。

等等。

这些情况下，说一声，就会比不说更能让人感到被尊重，对方心里也会更加舒服些。不然，别人就可能会感到生气或愤怒，而这对关系往往有一定伤害。

但像这样什么也不说就直接采取行动的人，在生活中也不算少数。他们常常会让人感到愤怒，自己也会常常感觉不被他人所理解，心里也可能会觉得委屈或愤怒。但这种不被理解，跟他们自己的不表达有着直接的关系。

第二种方式中，我说了一句"我出去一下"，算是给大家打了个招呼，比第一种方式多了一份对人的尊重，大家的感觉也会好受一些。但我并没有说为什么要出去，也没说出去干什么，也就是没有表达自己的需求，大家心里其实还是纳闷儿、好奇的。

这种情况下大家虽然一开始感到被尊重，但因为仍然不知道具体原因，因此就可能会乱猜测，不同的猜测就可能会引发不同的感受。

比如，如果大家猜我是因为家里有急事要处理一下，心里可能就相对平静些，也更愿意等待一下；但如果大家猜我是去接待了一个来访者，可能就会觉得凭什么我把这个来访者看得比他们更重要，而很在意这一点的人，就可能会很生气。而且随着时间的推移，那种不被尊重的感觉还是会出来，只是跟第一种方式比起来，这种感觉出来得可能会晚一些而已。

生活中，这样的人也很多。他们往往只表达要做的事情，却并不表达背后的原因。这不但给了别人很多猜测的空间，而且在那些比较亲密的关系里，还会让人觉得强势。比如在与家人相处中，某天晚上不回家吃饭了，就只是打个电话或发个消息说不回来了，也没有说在外面干什么，跟谁在一起。

第三种方式中，我既说了自己需要做的事情："我要去一下洗手间"，又说了背后的原因，也是我的感受——"肚子疼"，使得大家既觉得那一刻被尊重到了，又能知道发生了什么。这样他们心里就容易理解我，甚至还会担心我，而这与我袒露得更多有关。

如果我没有袒露自己肚子疼这一点，只说去一下洗手间，那样大家虽然知道我去洗手间了，但还是会有不同的猜测，也许有人就会觉得上个厕所要那么久吗？是不是我在里边磨蹭不想给他们讲课，或者上完厕所又干别的去了。

第三种表达方式，袒露的内容最多，实际也就是在述情了，核心是表达出了自己的感受。虽然我只是说出了当时自己的身体感受——"肚子疼"，但其实大家也很容易就可以想到我心里的感受是"着急"，这基本上也就相当于表达我的心理感受了。

从上面的例子中，我们很容易认识到，表达方式的不同，特别是对自己内心袒露程度的不同，带给别人的感受是很不一样的。最容易获得别人理解的方式，往往是表达出自己的感受，也就是述情。

表1：不同的自我袒露程度与带给别人的感受

方式	袒露程度	带给别人的感受
方式一	什么也不袒露	常常不被人理解，容易使人愤怒
方式二	只袒露做什么，不袒露为什么及感受	别人的感受会好一些，但依然不太容易理解与接纳
方式三	既袒露做什么，又袒露为什么，所袒露的往往是自己的感受与需要	别人会感到被尊重，也更容易理解与接纳一些

述情是经营人际关系不可或缺的能力

当然，在不同的人际关系中，我们的自我袒露程度也需要有所不同。**整体来讲，越是亲密的关系，自我袒露就越需要多一些；越是陌生的关系，就可以袒露得越少一些。**因为越亲密的关系，对方越在乎你的感受，越期待更深入的交流。

特别是与父母、爱人、孩子、好朋友、长期相处的同事等人的关系其实是很近的，但不少人也仍然不袒露自己的感受，这就容易造成相互间的不理解，影响关系的经营。

可以说，想要经营好各种人际关系，我们需要向他人表达我们对他们的理解，也需要向他们表达我们自己的感受以获得他们更多的理解，因此述情是经营好各种人际关系不可或缺的能力。

情商的概念我们都不陌生，又叫情绪智力，是由两位美国心理学家，耶鲁大学的彼得·萨洛维教授和新罕布什尔大学的约翰·梅耶教授首先提出的。它包含了一个人准确评价、表达情绪，有效调节情绪，以及将情绪运用于驱动、计划和追求成功等动机和意志过程的能力。可以说，真正情商高的人，也一定是很会表达自己感受的人。

第二章

述情的能力从何而来

　　述情很重要，但述情的能力却并非天生就有，而是和人的语言能力一样，是在成长过程中经由与养育者的互动和交流慢慢形成和发展出来的。一个婴儿如果出生后一直没有人和他说话，那他就只能是个哑巴。一个人如果从小没有人和他交流感受，那他就一定会存在述情障碍。

　　从心理发展的角度看，一个人要想会述情，至少需要在以下几个环节中都发展得顺利，其中任何一个环节发展受阻，都有可能会导致述情能力发展不足，进而产生述情障碍。

可以跟自己的感受有连接

　　述情的基础是感受，也就是说会述情的人，一定是跟自己的内心感受连接得很好的人。但有的人却根本就不知道自己的感受是什么，还有的人分不清什么是自己内心的感受、什么是自己理性的评价，这自然就会影响到他们述情能力的顺利发展。而这背后的原因，与每个人是如何被养育的，有着直接而紧密的联系。

每一个人出生后，只要大脑的相应部位没有发育不良、病变或损伤，就都具备拥有感受功能的神经生物基础。但就像电脑只有硬件是没法运作的一样，人只有神经生物基础是不够的。人的感受能力的发展是靠养育者不断地对其感受进行理解、反馈、确认、关注和精心照顾才能顺利进行的，这个过程也是情绪与心理成熟的过程。

但是在实际生活中，有不少父母在养育孩子的过程中并不关注孩子的感受，而是只关注孩子有没有吃饱穿暖学习好，事情做得对不对，甚至吃饱穿暖也只是父母认为的吃饱穿暖而已。这样孩子就没有机会和自己的感受去连接，他的感受系统自然就荒废了，也当然不知道感受为何物。这样的孩子长大后就成了几乎只有理性而缺少感受的人，他们的内心也往往极其缺少力量感，性格上也往往缺少主见，在工作、情感上也容易遇到困难。

如果你身边有这样的人，当你对他们的童年有所了解后，你就会发现，他们的父母在养育他们的时候，极有可能根本不关注他们的感受。

比如：

他们在婴儿时期饿得哇哇大哭时，母亲会觉得还没到吃奶的时间，坚持等时间到了再喂奶。

他们委屈的时候，父母会说："你有啥好委屈的？"

他们因为一些事情生气时，父母会说："多大点事儿，至于吗？"

这实际上等于他们的父母是不允许他们有感受的。对于其中一些人来讲尤其如此，因为就连吃奶都不是按照他们自己的需要和感受来进行的，母亲像个机器一样定时提供。可以说他们的感受被剥夺的过程，从一来到这个世界就开始了。

在整个成长过程中，父母不但不关注他们的感受，而且当他们表达自己的感受时，往往还会被批评、指责。通常情况下，他们如果敢对父母的批评、指责表达不满，引来的往往是更加强烈的批评和指责。这种情况下，他们如果没感受还要好受些，有了感受就只会招来更多的痛苦。

这样的养育方式，可能会养育出一个成绩优异的孩子，他未来也可能会考上不错的大学，但等在前面的，是他在工作、情感、社交方面要经历的种种困难。因为无论在任何的人际关系中，想要经营好关系，都是需要有感受和内心力量的，仅仅靠智力和理性，是远远不够的。

他们要想获得幸福的话，还需要走很远的路。最起码，要先和内心的感受连接上。

英国精神分析学家温尼科特[1]把这种人格特质称为假自体，意思是他们的自体是假的，一个壳而已，主要是由对他人的顺从和讨好的特质组成的。他们真正的自体，也就是真自体[2]，从小就被隐藏在内心深处并过着隐秘的生活了。

曾经有学员这样形容自己："真实的我像是被囚禁在一个漆黑房间里的孩子，一个人孤零零地一直待在黑暗里几十年，从未走出

---

① 唐纳德·温尼科特（Donald. W. Winnicott，1896—1971），英国儿科医生、精神分析学家。
② 真自体来自身体组织的活力和身体各种功能的运作。人的自发性、真实感受、创造性等都来自真自体。

来过。直到在自我成长的道路上走了多年以后，这个孩子才被我自己看到。"

听到这番话，我当时就感觉到一阵悲伤，一个人身处这种状况时内心实在是太痛苦了。可实际上有一些人的人生真相就是这样的，表现出来的只是一个假的自己，真实的自己被隐藏在了内心深处。如果没有像这位学员一样，有过在自我成长的道路上那么多年的努力，真实的自我可能就一直都不会被看见，也永远走不出来。

这都是因为他们和自己的真实感受失去了连接，是养育者在他们生命早期过多地入侵和强迫，并忽视他们的内心感受和真实需要的结果。而那些和内心感受连接良好的人，他们所经历的养育过程往往是包含以下场景的：

在他还是个婴儿的时候，当他饿了，不用等到他哭，妈妈可能就已经感觉到了。比如看到他想用头去拱妈妈的胸部，或者只是动动嘴巴、眼睛看向妈妈等，妈妈就已经把乳头放到了他嘴里。

当他冲着妈妈笑时，妈妈会对他说："宝宝高兴了！宝宝好开心哦！"同时妈妈的脸上也一定会呈现出与他一样的笑容，甚至比他笑得更开心。作为一个婴儿，他心里的确是高兴的，但他其实并不知道这种感受就叫高兴，他需要通过妈妈的反馈才能知道。此时，妈妈通过语言和表情把他的感受反馈给了他。他从妈妈的脸上看到了妈妈跟自己一样高兴，他知道妈妈是跟他的感受在一起的，从而也通过妈妈的语言慢慢知道了，那一刻自己的感受叫高兴。

这时的他虽然还不会说话，但妈妈对他说的话他其实并非完全不懂，而是可以逐渐听明白的。有过养育经验的人都知道，孩子一旦会说话，就像打开了开关一样，一下子就会说很多内容。实际这些内容并不是一下子就学会的，而是之前学习过的所有内容都在起作用，只是到了这个阶段，才忽然都爆发了。因此，这个阶段被称为语言爆发期。

当他受到惊吓害怕时，妈妈把他抱在怀里一边轻轻地拍着，一边说："宝宝不怕，宝宝不怕。"这样做既起到了安慰的作用，又清晰地表达出了他此时的感受是"怕"。

在此后成长的过程中，通过养育者不断地对他的各种细微感受进行理解、反馈、确认、接纳，他就会慢慢对自己的感受有越来越多的了解和认识，对各种细微感受的区分、识别、运用能力也会越来越强。就像接受过美术教育的人对色彩、接受过音乐教育的人对声音有着更高的敏感性一样。他的意识和感受之间也会一直有着紧密的连接，一旦自己的内心有了感受，就会立即被体验到。这样，他也就具备了述情能力的基础，还有一个强大的内心。

除了前面说的父母在平时的养育过程中不关注孩子的感受外，如果在这个过程中经历了较大创伤事件的话，也有可能让他跟自己的感受失去联系。比如在生命早期经历了被抛弃、被虐待，或者重要养育者去世重大创伤事件。如果当时的痛苦太强烈，以至于他无法承受的话，那切断与自己内心的联系，就可以不再感受那些强烈的痛苦了。这是人心理的防御功能，目的是可以使人继续存活下去。

但这样一来，这个人在感受不到痛苦的同时，往往也感受不到幸福了。他会变得麻木，甚至冷漠，给别人的感觉就像是一个没有心的人一样。生活中有一些人无论说什么事情都是笑着说的，哪怕是痛苦的事情。这就很有可能是因为他们跟自己的感受连接不上了。

可以为自己的感受命名

述情是表达内心的感受，而人内心的感受有很多种，并且每种感受带给我们的体验都不一样。这就有了另一个前提，即想要学会述情，我们就需要知道自己的每种感受叫什么名字。如果不知道内心的那些感受具体叫什么，是无法做到准确表达的。

我曾经有一个学员，他说他很崇拜身材好的女人。我听到这句话感觉有点困惑：不应该是喜欢吗？怎么会是崇拜？一般情况下，人们会崇拜一个人的能力、才华，但他崇拜的却是身材。

如果他说的是崇拜体型保持得好的女人，因为她们坚持锻炼，具有较强的自律性，我觉得用崇拜这个词好像还说得过去，但他说的好像又不是这个意思。他说的就是女性身体的高挑、丰满。

进一步沟通之后，我确定了他说的其实就是喜欢。这种情况下，除非他在刻意回避使用"喜欢"这个词，否则最大的可能就是他在为自己的感受命名方面是存在困难的。他可能并不清楚自己的很多感受应该叫什么，不明白"喜欢"和"崇拜"这两个词所对应的具体内心感受是什么。

如果是这样的话，首先说明他可能很少和人表达自己的感受。因为如果经常与人交流感受，当他用词不准确时，别人可能会为他纠正。其次也说明在他成长的过程中，他的养育者很可能并不关注他的感受，否则他应该是可以学会为自己的感受准确命名的。

我对他后续的了解也证实了我的这两点猜测。他的父母只关注他的学习，并不关注他的感受。结果就是他的学习成绩很好，也像他父母所期待的那样考上了理想的大学，但他的人际交往却常常出问题，尤其是亲密关系。

一个人刚刚来到这个世界时并不会说话，也没有任何的语言能力，当然也不会为自己的感受命名。但经由养育者的精心照顾以及对他感受的关注、理解、确认、接纳，特别是通过替他表达感受，他才能慢慢学会为自己的感受命名。

正常情况下，为婴儿的感受命名，几乎是人类的一种本能。无论是父母，还是爷爷奶奶、外公外婆、保姆等，我们都可以看到，一旦把婴儿抱到怀里，人们通常自然就会做一件事，就是像前面描述过的那样，帮助孩子把他的感受说出来："宝宝饿了！""宝宝想妈妈了！""宝宝好开心哦！"

几乎没有人说过要这样做，但大家就是会自觉地这样做，特别是妈妈。这种本能的表现对婴儿的影响是巨大的，它使得婴儿既可以跟自己的感受有紧密的连接，又可以学会为感受命名，这也为以后的心理健康以及拥有述情的能力打下了坚实的基础。

我们以上所说的是正常情况，但也有一些妈妈在养育婴儿的过程中并不是这么做的。比如在生活中，你可以看到一些虽然推着婴儿车，但注意力并不在婴儿身上的妈妈，她们可能心情抑郁，或者经常发呆。

孩子的出生会唤醒那些自身在婴儿时期有过创伤的妈妈们内心的痛苦，进而导致不同程度的心情上的变化，甚至产后抑郁，这样她们可能就会时不时地陷入自己的痛苦中，而没有多余的精力去关注孩子了。

我曾经亲眼见到一个妈妈怀里抱着的婴儿忽然就掉到了地上，

我猜测很可能那个妈妈当时有些不在状态。

也有一些妈妈，生完孩子之后压根就不想管孩子，这往往也跟她们自己儿时没有被好好照顾有一定的关系。我还遇到过一个妈妈，她的孩子饿了、哭了，但她本来在干什么还继续干什么，经常是别人提醒她了，她才不急不慢地去照顾孩子。据我了解，她自己刚出生几个月，就与妈妈有过长时间的分离。

此外，如果一个妈妈觉得孩子抢走了自己在老公心里最重要的位置，或者从很小的时候就被父母要求照顾弟弟妹妹，且过程非常艰辛，那么她就可能在潜意识里对孩子有敌意，也就可能会影响到她们在照顾孩子时的全情投入。

或者如果孩子出生后的几年里，夫妻关系出现了问题，一些妈妈也可能因为担心与老公的关系，而产生严重的焦虑情绪，注意力因此就很难完全在孩子身上。根据我的观察，孩子出生后的那几年也的确是婚姻问题的一个高发阶段。

又或者妈妈本身是个无法安静下来的人，需要不停地刷手机或做一些事情，这往往是潜意识里压抑着痛苦或恐惧的结果。这样的话，婴儿在寻找妈妈的目光，但妈妈的目光却集中在手机屏幕或一些别的事情上，婴儿就因此失去了与妈妈的连接。连感受都不会被妈妈关注到，更不用说为感受命名了。

再或者妈妈本身就不知道自己的各种感受叫什么名字，本身就存在着一定程度的述情障碍，也就根本不会为孩子的感受命名。如果之后也没有其他人来弥补的话，孩子也就没有了学习为自己的感受命名的机会，他们长大后当然也就不知道自己的各种感受具体应该叫什么。

可以将自己的感受说出口

一个人如果表达不出自己的感受，还存在一种我在前面提到过的可能，那就是他虽然既和自己的感受有连接，又知道自己的很多感受大概叫什么，但是却不习惯、也不擅长，甚至羞于将其表达出来。

在一些家庭或生活环境中，存在着否定负面情绪的倾向。比如，如果谁在遇到一些在其他人看来不是太大的事情时哭了，就会被说脆弱。而这其实会让哭的人觉得自己的伤心是不应该存在的，还会为自己存在伤心这种感受而感到羞耻。

在我小的时候，如果周围哪个小伙伴喜欢哭的话，会被起外号叫"刘备"，如果是女孩儿，就叫"女刘备"。我那时还因为对这个问题好奇而专门问过大人，为什么要给人起这样的外号，得到的答复是，因为小说里描述三国时期的刘备经常哭，大家觉得他太爱哭了，谁爱哭谁就像刘备。这是把刘备的名字符号化为爱哭的人了，也明显是一种对负面情绪的不接纳，甚至可以说是嘲笑。

还有一些家长，在孩子哭的时候会模仿孩子哭的样子，以此取笑孩子。

以上这些都会带给孩子一种感觉，即哭是不好的，有负面情绪是不好的。

更甚者，有些家长会在孩子哭的时候，让孩子憋着。这就不只是让孩子觉得负面情绪是不该有的那么简单了，而是会让那些痛苦、伤心的感觉直接被压抑在内心深处，从而形成一个创伤。如果孩子未来也没有机会疗愈自己的话，这些创伤就可能会影响孩子的一生。

我在工作中遇到过不少人一旦想哭就会咳嗽、打嗝，而他们的成长经历中几乎都有着类似伤心、委屈了却不被允许哭的事情发生。

实际上，很多人在成长过程中都存在情绪被否定的现象，特别是负面情绪。相信很多人对于以下这些话都会很熟悉：

"哭什么哭，有什么好哭的？"

"这么点事情你就难过成这样了，你还能干啥？"

"说你两句你就受不了啦，你这也太敏感了吧！"

"你这也太脆弱了！"

"你这也太矫情了！"

"你有什么好难过的？"

"你有什么好生气的？"

"这有什么好不好意思的？"

等等。

这些都是对负面情绪的否定和打压。长期在这样的环境中成长，人们很容易就会认同这些声音，不但会压抑自己的感受，更会为自己拥有这些负面感受而感到羞耻与自责。而在这种情况下，人们当然就不太敢表达自己的感受了。

久而久之，人们不但会担心表达了真实感受后会不被周围的人理解与接纳，即便在一个可以被理解与接纳的环境中，他们也不敢表达，因为一旦表达了感受，自己本身就会感到羞耻。那些否定与打压的声音已经成了他们自己的一部分，他们自己也不接纳自己的负面情绪。

并且这样的人，在看到别人有负面情绪时，也会唤起他们的羞耻感，他们进而也可能会去否定别人的感受。这样一来，他们就也变得和自己儿时周围那些否定他们感受的人一样，也成了那些否定与打压人的负面情绪的环境中的一分子，持续传递着对负面情绪的不接纳态度。

在这些对负面情绪的态度中，也存在着一种人们对自己和他人普遍过高的期待，即觉得人不应该脆弱，而应该是坚强的、强大的。这种期待当然是脱离了实际的，因为人就是会有情绪，有脆弱。

这就像人一般只能扛起100多斤的东西，但却被期待人人都可以扛起200多斤、300多斤的东西一样，这样不但会造成人们对自己负面情绪的羞耻感，还导致了至少三种结果：

一是脆弱会持续下去。

人的脆弱越是不被面对和接纳，就越是没有机会让内心变得强大。这也是心理咨询可以起作用的原因之一，即人们内心的脆弱在咨询中被面对了。

二是不敢暴露真实的自己，害怕别人嘲笑自己。

我经常遇到一些学员在学习述情时会说，他们害怕表达自己的感受，特别是负面感受，因为一表达出来就会觉得自己是不是太弱小了，会不会被人说太矫情；会不会把自己放得太低了，担心别人看不起自己。这样的担心，正是儿时负面情绪不被接纳的结果。

这样的话，人们也就学会了伪装自己，让自己看起来强大、完美，但其实这样会很累。并且在人际中需要刻意和人保持距离，害怕关系近了，了解真实的自己后就不喜欢自己了。

三是不擅长表达感受。

任何能力都是长期锻炼的结果，从小就不表达感受，当然就缺少锻炼述情能力的机会。

就像那些因为害怕冲突而从来不与人吵架或争执的人，如果让他们跟人吵架，并且告诉他们随便怎么吵都不会有不好的后果，即使是这样，我们也还是会发现他们根本就不会吵，很可能是张开嘴巴不知道要说什么，脑子里是空白的，感觉词穷。这也是缺少锻炼的结果。

而那些经常吵架的人，吵起架来就像机关枪，好像根本就不需要过脑子，各种词语和理由就会脱口而出。我觉得这是因为他们吵架的能力在过去被锻炼出来了。

也就是说，述情这种能力，也是需要锻炼的，也当然是可以锻炼的。

对提升述情能力来说，那些无法和自己的感受连接的人，自己练习起来是很困难的，因为根本不知道要表达的是什么。他们首先需要做的是和自己的感受连接上，这也会让他们的内心变得强大、有力量且丰富起来，但这往往需要借助专业人士的帮助。

有感受但不知道每种感受叫什么的情况，除了借助专业人士的帮助会有较快提升外，借助一些外部力量，比如阅读，特别是读那些对于人物心理、感受描述得比较清晰、细腻的文学著作，并且多和述情、共情能力强的人沟通自己的感受，以及上课或做本书后边的练习等，都可以逐渐知道自己的每种感受大概叫什么，对于提升述情能力也都是有帮助的。

知道自己的感受叫什么但说不出口的人，可以试着学习表达，慢慢对羞耻感脱敏。刚开始表达的时候，自己可能会不习惯，身边的人可能也会不习惯，但说多了之后，自己也就习惯了，身边的人也会慢慢习惯并喜欢的，因为你变得更好沟通、更好理解了。

并且，长期像这样跟身边的人沟通，也会慢慢影响到他们，也有可能哪天他们也会尝试着表达一些自己的感受了，尤其是对孩子来说。比如我儿子，我不记得有过任何专门教他述情的场景，但他说话时自然就会以表达感受为主。

也许述情这种能力，正常情况下，在每个家庭里只需要一代人一段时间的努力，后边的每一代就能从小生长在表达感受的环境中，也自然就学会了述情。我相信整个人类社会也是如此，当我们这代人的述情能力都提升后，后代从小就会成长在一个注重感受、表达感受的社会环境中，也自然就会述情了。

第三章

经历同样的事情，人们的感受可能不同

述情，是表达自己的内心感受。生活中面对一件令人有情绪的事情时，我们的感受往往并不是只有一种，而是由多种感受组成的感受集团。

这个感受集团，可能是在面对同样的事情时，人类都会出现的一些情绪反应，类似人的本能。比如在野外遇到了像老虎这样的大型猛兽时，我们基本都会感到恐惧，这是人类都有的本能情绪在起保护作用。

因此，像这样的感受是比较容易被人理解的。经历了这样事件的人即便不向人述说他们的感受，只要别人知道了他们所经历的事情，也很容易就可以根据自己在同样的情况下会有的感受，推己及人地体会到他们当时的感受是什么。

但有些感受也可能是很个人化的，也就是在经历同样的事情时，一个人有而另一个人却不一定有的感受，这往往与个人的先天气质和成长经历有关系。这样的感受如果不述情，别人就不一定能

知道。

比如，同样是当众说错了一句话，有的人就很紧张、羞愧、自责、觉得丢人，而有的人却一点也不在乎。具体到心理层面的原因，对于这类事情的在乎程度，与每个人内心的强大程度有关系。用自体心理学①的语言来说，就是与每个人核心自体②的内聚性、力量感和结实程度有关系。

不过，核心自体这个说法有些专业，我们可以这样理解，就像在心理层面上每个人的人格核心都有一个球形内核一样，而每个人的这个球形内核的厚度、结实程度、韧性、完整程度是有所不同的。

比如，有些人的自体内核像气球或蛋壳一样，缺少力量或韧性，一挤就扁了或碎了；有些人的内核像篮球、足球一样，相比之下要更结实、更有韧性一些；还有些人的内核就像实心的橡胶球一样，极其结实和抗压，这就是我们所说的内心特别强大，也就是核心自体特别结实，有力量且内聚性好。

就像实心的橡胶球承受一些压力并不会有多大变形，拥有强大的核心自体的人，他们很确定自己是怎样的人，别人说的话一般不会影响到他们，所以他们往往也不太会在意面子、丢不丢人等事情。

而核心自体非常脆弱的人就不一样了，他们本来就感觉自己的内心非常虚弱无力，承受一点压力就会被挤扁或快要碎掉了，他们

---

① 精神分析理论技术的一种，源自美国心理学家海因兹·科胡特对自恋型人格疾患的研究。
② 科胡特认为自体是体验性的、整体性的自我，是每个个体存在的本质，是一切功能的核心。核心自体指的也是自体的核心。

当然也就很害怕自己在别人眼中不够好。因为在别人眼中不够好就好像他们真的不好了一样，而这带来的压力是他们无法承受的。

那么为什么不同的人之间会有这些差异呢？

成长环境不同，决定了人的不同

这些差异，同样与每个人的先天气质以及后天成长环境有关系。

关于先天气质，可能有基因的作用，也可能有在母亲子宫里的经历的作用，我个人对这个部分的认识和研究还不够多。在这里我想重点说一说后天成长环境的因素，毕竟每个人的人格特质都是由先天气质与后天环境相互作用形成的。

从后天成长环境的角度来讲，就像人的身体都需要营养才能长高、长结实一样，每个人的核心自体都需要被滋养才会变得强大和结实。而人内心所需要的滋养，就是在成长过程中养育者所给予的充分的理解、关爱、安抚、认可、支持等。

但是，能够给予孩子这些滋养的前提，往往是养育者自己就是一个内心强大、充满爱的人。我们中很多人的父母本身内心也都很匮乏，甚至伤痕累累（这与父母自身的成长环境不够好、得到的滋养不够有关系），所以很多人从父母那里是得不到足够多滋养的，这就使得他们的内心没有那么强大。

更有些人从小就被批评、否定、打击，甚至经常被拿来与别人家的孩子相比较，那他们的内心就不只是不够强大这么简单了，而是很脆弱，也就是我们常说的"玻璃心"。这个词似乎也是在描述人们内心那个内核的脆弱程度，好像那个球形内核根本就是个空心的玻璃球，极容易碎掉。

以上我们说的都只是自体的创伤，而人的创伤却并非只有自体层面的创伤，还有很多另外的创伤。比如儿时过早与母亲分离的孩子，除了自体可能会有创伤外，还可能同时会有分离焦虑方面的创伤①。有分离焦虑的人是很害怕分离的，所以他们恋爱时很害怕失恋，结婚后很害怕离婚，一旦失恋或离婚就会很痛苦，生活中的其他分离场景都有可能会唤起他们内心的那些痛苦。

人的心理创伤有很多种，大多都与婴儿时期和儿童时期的经历与养育质量有关系。人在小时候的各种生理需要和心理需要如果未被满足，就会导致心理上的创伤，但过度满足也会导致心理创伤。没有任何一对父母可以把孩子的需要满足得恰到好处，一点儿也不多一点儿也不少，也就是说任何父母都不可能把孩子养育得一点创伤也没有。**人人都有创伤，只是各自的经历不同，创伤及创伤程度就会不同，而这些不同就会导致面对同样的事情时，不同的人感受会有不同。**

另外，也并非只有心理创伤才会导致个人化的感受，人在成长过程中因为独特的生活、成长环境而经历的所有独特的事情，以及与不同的人、事、物之间产生的独特情感，都可能会导致他在与他人经历同样的事情时感受的不同。

没有任何人的生活环境是完全一样的。即便是双胞胎，他们看

---

① 并不仅仅是与母亲过早分离会导致成年之后的分离焦虑，即使母亲一直在身边，但诸如对孩子共情不足、溺爱等不当的养育方式，也会导致成年后的分离焦虑。

起来生活在几乎完全一样的环境中，但他们的心理也会有不同，因为他们的生活环境有隐性的差异。比如较大的那个有个弟弟或妹妹，而较小的那个有个哥哥或姐姐。当双胞胎中的一个表现好时，父母就可能会夸奖表现好的那个，另一个就可能会觉得自己没有得到认可；或者当双胞胎中的一个因表现不好而受到父母批评指责时，另一个可能就会从中得到启发，进而注意自己平时的言行来避免父母对他的批评指责。这样一些很细小的差异和很日常的行为，就可能会导致两个孩子长大后在面对批评、指责时的感受有所不同。

可以说成长环境不同，人的心理就会有相应的不同，面对同样的事情时感受就会不同。

每个人都是独一无二的

人们理解他人的方式往往是推己及人，或是换位思考。也就是当发生了一件事，我们产生了某种感受，现在别人也经历了这样的事，我们推己及人地想一下，他的感受会不会也跟我们一样呢？

前面我们说过，经历同样的事情时，不同的人感受可能是不同的，因此推己及人、换位思考并不是所有时候都有效。有时当我们经历了一些事情之后，即便别人推己及人、换位思考，可能也无法准确知道我们的感受是什么，因为我们每个人都是独特的，独一无二的。就像同样是站在高处，一些人害怕，而另一些人可能就不害怕。因此，我们生活中重要的人，不管是家人、同事，还是朋友等，都跟我们自己的心理特点有所不同，在同样的事情面前，跟我们的感受也可能有所不同。

正因为这些感受不同，所以如果我们不表达，别人可能就不会理解。尽管有些人共情、理解他人的能力极强，也还是做不到完全的理解。拿心理咨询的例子来说，有经验的心理咨询师往往都是很会共情的人。但在咨询中，如果来访者什么都不说，那即使是再有经验的咨询师也没办法彻底理解来访者内心的感受是什么。所以在咨询的初期，咨询师所说的话，很多时候都是在提问，这样做就是为了更好地了解来访者经历了什么、感受是什么，进而更加彻底地理解来访者的内心感受。

　　不会述情的人，往往就缺少机会让别人理解到：即便经历同样的事情，他们和别人的感受也有可能是不同的。

第二部分

人类表达情绪的三个层次

人内心的情绪是一种能量，也遵循能量守恒原则。人一旦有了情绪，要么将其防御在内心深处，要么就会寻求表达。并且在表达情绪的方式上，不同的人也会有所不同。比如生气时，有的人会憋在心里不说话，有的人会动手摔东西，有的人会大声吼叫，有的人则会相对平和地表达。这些不同的表现，与每个人自身的心理发展水平有着紧密的关系，也反映了每个人社会适应能力的不同。

前面说过面对同样的事情，不同的人感受可能会不同。而这里要说的是，即使是同样的感受，不同的人的表达方式可能也会有所不同。

从心理学的角度，可以把人们日常表达情绪的方式分为以下三种，越往上越是高级和成熟的表达方式：

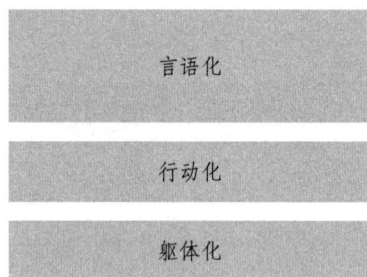

言语化

行动化

躯体化

图1：人类表达情绪的三种方式

在我们每个人身上，三种表达方式也许都会有，但每种表达方式对不同的人来说所占的比例不同。图中上方的表达方式占比越大，越说明这个人的人格发展得要更成熟一些。

第四章

躯体化

一位来访者向我讲述了他近期在恋爱、工作，还有与朋友关系上的种种不如意，当他讲完后，我问他发生这么多的事情，他现在有什么感觉。他说没什么特别的感觉，就是觉得胃有些不舒服，隐隐地绞着。

当生活中的事情不如意时，我们可能会感到心烦、生气、挫败、委屈等等，但这位来访者内心却没有什么感觉，只是感到胃不舒服。

他的胃是真的不舒服吗？

在医院内科工作的医生经常会遇到这样一些病人，他们前来就医的原因可能是头疼，也可能是胃疼、肚子疼、浑身无力，还可能是觉得自己得了心脏病快要死了，但做完所有检查，结果却都表明他们并没有身体器质上的疾病。

有经验的医生马上就会想到，他们可能并不是身体出了问题，而是情绪出了问题，他们的痛苦可能是情绪的躯体化。通俗地说，就是明明心里不舒服了，但他们却感觉不到心里的不舒服，只能感觉到身体上的不舒服。

我的那位来访者，在他的身体感觉层面上，他的胃的确是不舒服的。但那并不是因为他的胃有炎症或吃了消化不了的食物，而是因为他在情绪层面上感觉到在他的生活中发生了太多事情，导致他的心里很痛苦，而他却消化不了这些情绪。

也许很多人都有过类似这样的与情绪有关的莫名其妙的身体上的不舒服，但又没有真正身体上的疾病，这是怎么回事呢？

身体感受和心理感受的分化

这还要从生命的早期说起。

很多人都知道，在婴儿刚出生时，他其实分不清楚自己和妈妈之间的区别，觉得自己和妈妈就是一体的，心理学称之为共生关系。随后的正常养育和发展会让他慢慢意识到自己是自己，妈妈是妈妈。

这也就是一个人从一种和妈妈融合在一起的共生状态中逐渐分化并成为自己的过程，**心理学称之为分离个体化**。在这个过程中，个体慢慢成为独立的自己。

同样，刚出生的婴儿也无法分辨自己的身体感受和心理感受，因为这些感受在一开始也是融合在一起的。

当婴儿饥饿时，他并不知道那种让他饥肠辘辘的感觉是一种躯体感受，他可能会把那种由饥饿导致的自身躯体的痛苦感受体验为一种由外界的迫害带来的心理上的痛苦。

也就是说，明明是饿了，婴儿却可能会以为有人要迫害他。如果这种感觉过于强烈，就可能会导致精神病性问题。

正常情况下，随着感觉、知觉、认知能力、语言能力等心理功能的发展，以及养育者对婴儿情绪不断的反馈和确认，也就是为婴儿的情绪命名的过程，婴儿就会慢慢地意识到躯体感受和心理感受不是一体的，也就有了区分身体痛苦和心理痛苦的能力。

可以说，这是一种心理发展上的成就。

在这个分化过程完成之前，如果父母没能恰到好处地喂养和照顾婴儿，不懂得婴儿发出的信号代表了什么需要和感受，由此造成的养育上的失败带给了婴儿身体或心理过大的痛苦，而婴儿当时的能力还无法承受的话，就可能会造成婴儿心理上的创伤。

比如我曾经见过亲戚家的孩子在4个多月大时，有几天嘴里经常发出"呃、呃、呃"的声音。我们一开始也不知道他怎么了，后来发现是因为母乳已经不能满足他进食的需要了，而需要添加辅食了。

如果这样的需要未被及时理解的话，婴儿就可能会长时间体验到饥饿感。这既会影响婴儿的身体发育，又可能会造成他们心理上的创伤。

因为这些创伤体验发生在婴儿的躯体感受和心理感受分化前，所以婴儿其实是无法区分它们的。之后，一旦这个阶段的痛苦在遇到相似情景时被唤起，他们所感受到的往往还是躯体上的痛苦，而无法意识到自己心理上的痛苦。

或者由于养育者自身对孩子感受的关注不够、缺乏共情，也可能使得孩子没有机会去发展区分躯体感受和内心感受的能力。

如果养育者自身就存在着述情障碍，孩子也同样没有机会学习如何表达心理感受。这往往也会使孩子对自己的躯体感受和心理感受进行区分的能力得不到足够多的成长和发展。

我在工作中遇到过一些和自己的感受没有太多连接的人。通过了解就会发现，他们通常都有躯体化的现象，也通常都有一个本身就和感觉失联的妈妈，有人称之为"僵尸妈妈"，即像僵尸一样只有躯体感受，没有心理感受的妈妈。

也就是说，躯体化现象严重的人，实际就是与自己内心的真实感受没有连接的人。他们通常除了愤怒和恐惧外，较少能感受到自己的其他各种心理感受。当遇到让他们痛苦的事情时，他们所感受到的更多是身体上的不舒服。

不过，和自己的感受完全没有连接的人是极少数的。很多有躯体化现象的人，往往也并不是完全没有了心理感受，而是他们感受中的一部分可以被感知为心理感受，而另一部分会被感知为躯体感受，通常是最强烈和最无法承受的那部分会被感知为躯体感受。

躯体化，是身体在替心理表达情绪

躯体化，也是一种我们生命早期的情绪表达方式的残留。因为我们都是从那个时期成长过来的，所以或多或少，我们每个人自身都可能会残留一些躯体化的现象，只是不同的人在严重程度上会有一些差异。

我们身体上的某些疾病，也可能是身体在替心理表达情绪的结果。比如对自己的性别不认同的女性就容易患乳房、子宫等方面的疾病，被养育者控制得过于厉害的孩子容易出现哮喘，而压抑情绪的人容易肥胖、患恶性肿瘤等。

我儿时曾经听长辈们讲过一种怪病，农村人把它叫作杂鸡子病，症状是病人身体某些部位疼痛，比如腿疼、背疼等。生这种病的人很痛苦，常常躺在床上呻吟，但却找不到原因。当时农村的老年人会认为这是遇到了"鬼上身"一类的事情。现在想来，这其实就是一种将内心痛苦躯体化的现象，因为得这种怪病的人往往都是刚刚经历了类似分离、亲人去世等痛苦事件的人。

直到今天，在一些农村地区，人们的述情障碍现象也还是非常严重的。在这样一个人们都不太表达感受的环境当中，人内心的痛苦就更可能会以躯体疾病的形式表达出来。这也意味着躯体化现象在这些地区可能会非常普遍且严重。但以过去很多人的认知水平来说，他们并不懂得其中的原理，所以就把这种现象认为是鬼上身了。

可以说，当我们无法顺利地用言语来表达自己的内心感受时，身体就可能会替我们表达。

躯体化，也可以理解为一种心理防御机制，让我们和那些暂时还无法承受的伤心、痛苦、恐惧等负面情绪保持一些距离。当我们意识到那些内心的痛苦，并将其表达出来时，躯体化的现象往往就会消失。

多年前，一个学员在课堂上做一个体验练习时，想起了一件很久以前发生的、让她很痛苦、伤心的事情，然后大哭了一场。过了一段时间，当她再来参加课程时，她告诉大家自己多年来的偏头痛居然好了。我理解她之前多年的偏头痛很可能就是那些痛苦感受的躯体化表达。

我在工作中也遇到过一些乍一看让人觉得有些不可思议的事

情，但其实背后的原理都可能与躯体化有一定的关系。比如一位学员在做了一些情绪宣泄练习后，原来有些发黑发红的脸色变白了不少，以至于周围的人都好奇她用了什么美白产品。另一个学员则是脸上生了多年的痘痘开始慢慢变好。因为这些现象都是发生在他们做了一些情绪宣泄之后，所以说明这些变化很可能是与他们内心的情绪得到了表达与释放有关系。

精神分析理论的创始人弗洛伊德，当年也正是因为意识到很多人的躯体痛苦其实是心理出了问题，进而开始从一个解剖人的大脑、研究病理学的神经学家，发展成一个专注于对人们内心的痛苦与冲突背后的原因进行探索与研究的精神病理学家的，并在之后开创了对当前人类影响巨大的精神分析理论流派。

人的身体和心理紧密相连，当心理上的痛苦无法被意识到时，就会在身体上有所表达。生活中，我们很有必要去关注自己潜意识里的情绪，特别是那些身体已经在替我们反复表达的内心感受。我们也更有必要去对那些感受保持好奇，去探索和表达它们。当那些内心深处的感受被我们意识到并被我们表达出来时，不仅会提高我们被他人理解的可能，也会提高我们自身健康的可能。

第五章

行动化

人在学会说话之前，还有一个特点，就是会直接用行为表达自己的意思。因为确实不会说话，所以也只能这么做。

比如：

两个不会说话的孩子一起玩时，如果其中一个孩子想要另一个孩子手里的东西，他要么会示意大人他想要那个东西，要么就是直接从另一个孩子的手里去抢。而另一个孩子如果不想给他的话，就会紧紧抓住手里的东西，两个人就可能都抓着这件东西相互拽。

或者到了别人家里看到好吃的时，孩子往往也是直接上手拿着吃，不会顾忌。

这就是孩子的特点，他们会直接用行为来表达内心的感受、想法、欲望等。也是因为还不会说话，所以他们无法用语言来表达这一切。

这种直接把自己的感受、想法、欲望等付诸实施或行动的做法，心理学上称为行动化或付诸行动。

在人际关系中，如果想干什么就干什么，而不去想对方的意愿，可以说对方在你行动的这个过程中是没有被尊重的。当然，如果是一个不会说话的孩子这样做，旁边的大人都是可以理解这一点的，所以一般也不会引起什么严重的后果。但如果这样的做法发生在一个大人身上，就往往会引起人际矛盾和冲突了。就好比你想用同事的东西，没说一声就直接从他桌上拿来用了，等同事回来想用时却找不到了，那他可能就会很生气。这样的话，你与同事的关系也是很容易出现问题的。

为什么有人喜欢付诸行动?

付诸行动是一个人在儿时不会说话时的特点。而那个时期的孩子除了无法用语言表达自己的想法、感受、欲望等内容外，其实也往往还没有能力完全意识到别人也是一个独立的人、别人是需要被尊重的；也没有能力意识到，世界不是以自己为中心的、自己是不可以为所欲为的、很多事情是需要跟别人商量的。

当他们直接行动的时候，他们的潜意识里是觉得自己想干什么就能干什么的。因此，当带着这样婴儿般特点的人进入到成人世界之后，的确会适应不良。没有把别人当成独立的人来尊重，当然也得不到别人的尊重。也因此，具有这样特点的成人，其职场、爱情、友谊中的关系都容易出现问题。

在亲子关系中，不把孩子当成一个独立的人来对待，也会伤害到孩子，使得孩子难以成为一个人格健康、内心强大的人。

比如:

如果我们觉得孩子的某些玩具旧了，放在家里碍事，就直接扔了，而没有问问孩子是否还想玩或还喜欢这些玩具，就可能会让孩子感到不被尊重或无力，这就有可能伤害到孩子的自尊和力量感。因为在那些旧玩具中，有一些可能是孩子还喜欢的，或是产生了感情不舍得扔的，或是对他而言有特殊意义的。

　　如果我们扔掉的那些旧玩具，对孩子有过渡性客体①的意味，那扔玩具就会对孩子造成有更直接和更严重的创伤了。因为那意味着把孩子和他内心象征性的妈妈分开了，这样就可能导致分离的创伤。

　　当然最重要的一点是，那些玩具是孩子自己的东西，要不要扔应该由孩子自己做主。这也就是把他当成了一个独立的人来看待。此外，包括孩子穿什么衣服、吃什么东西、吃多少、以后上大学选什么专业、毕业后从事什么工作、和什么样的人结婚等等，都是如此，都需要把他当成一个独立的人来看待。只有这样，他才可能会成长为一个有自我、内心强大的人。

　　人际之间，我们需要理解、配合、协作，这些往往都建立在互

---

① 由英国精神分析学家温尼科特首先提出，指的是孩子在和妈妈分离的过程中，可能会在一段时间里把对妈妈的情感转移到一个象征着妈妈的事物上。这种象征事物可能是一件东西，比如小毯子、妈妈给买的某个玩具；一种妈妈身上特有的气味等。当孩子想妈妈或者焦虑时，就会用这个过渡性客体来安慰自己。因此，对有些孩子来说，某个玩具虽然很旧很脏了，但依然是很重要的，孩子走到哪里都带着，睡觉也要抱着、摸着。如果把旧的扔了，即使再给他买一个同样的，他也无法接受，因为那是他心里妈妈的象征。

相尊重的前提下。如果我们经常不征求对方的意见，只是一味地想干什么就直接干了，对方就很可能会觉得我们不尊重他们。长此以往，彼此之间的配合、协作，乃至关系也都容易出问题。

我们常说有的人情商高、人际交往能力强，其实如果你去观察这些人的话，就会发现他们一定是更愿意用语言去沟通的人，因为这种语言沟通本身通常就代表着一种尊重。

我们再反观那些你不太喜欢的人，他们中肯定有一些人是因为做了某事没有和你打招呼，以至于让你觉得他不尊重你。

同样，如果想让他人理解我们，通常也需要我们用语言表达自己的感受、需要和想法。因为不表达的话，别人可能真的就不理解。

行动化影响建立关系的能力

人际交往中经常付诸行动的那些人，他们不愿意更多表达自己的感受，就导致别人没有那么多的机会理解他们。别人即便是偶尔不小心做了一些伤害他们的事情，也没有机会知道，这样就会大大降低关系得到修复的概率。

好比在亲密关系里，如果爱人忘了你交代的一件事，你感到很生气，然后就直接不理对方甚至分手了，这样的话，对方可能根本就没有机会了解到底是什么导致你生气。而这样动不动就冷战或分手，其实也很影响你和他人建立亲密关系的能力，最终还是会影响自己的生活和幸福感。

如果一个人在人际交往中有很多恐惧，比如害怕发生冲突，他就容易使用付诸行动的方式来表达感受，也就是会回避人际关系，因而变成一个孤独的人。而如果一个人害怕孤独，无法一个人单独待着，他也会容易付诸行动，会随便找一个人来陪伴自己，导致在情感关系中饥不择食。

类似这种因为内心的恐惧、孤独等痛苦感受而导致的付诸行动，更清晰地反映了那些常常付诸行动的人的另一个主要特点，那就是他们内心的力量感较弱，对这些痛苦感受的耐受力较差。通过付诸行动，他们可以及时释放情绪、回避痛苦或获得暂时的满足。

生活中有些人动不动就出手伤人、暴力对待他人，这其实也是一种对生活中的不如意、痛苦等体验耐受力差的表现。

对于这些恐惧、孤独、不如意、痛苦、愤怒等感受，人们可能有所觉察，但因为耐受力差，于是就把它们直接付诸行动了。这种情况下，人们就需要提升对这些情绪的耐受力，这可以通过专业人士的帮助来进行。

当然，人们在付诸行动的时候也可能并没有觉察，没有意识到自己有了这些情绪，这样也就没有机会把这些经常被行动化的内心感受表达出来了。虽然表达情绪本身就是有助于提升耐受力的，但如果意识不到情绪，就根本不可能表达。

想要解决这样的问题，需要我们提升自己的觉察能力，只有意识到自己在干什么，才有改变的可能。沟通、阅读、听课、咨询等，都有助于提升我们的觉察能力。我在另一本书《爱的五种能力》中也专门介绍了一种提升觉察能力的方法，即记录自己的情绪。如果你对这个方法有兴趣，也可以试着实践一段时间。

除此之外，别人的批评或抱怨通常也在指出我们潜意识的一些动机。特别是那些别人说我们是故意为之，而我们自己却觉得不是故意的事情，则很有可能是一种潜意识里意愿、感受的表达，而我们不自觉地将其付诸行动了。只是很多时候，这些批评、抱怨会引起我们的反感，我们容易不自觉地陷入防卫和反击的状态中，也就没有机会去觉察自己了。

第六章

言语化

大约 9 个月大时，有些孩子就可以开始咿咿呀呀地说出一些简单的词语了，这意味着他们从此逐渐开始了使用言语语言来表达自己的感受、需要和想法的过程。

此后，随着孩子理解能力的提升，以及对自己和世界的认识与了解越来越多，他们会说的词语和句子也会越来越多。当孩子有需要时，他可能就不再只是直接伸手去拿；跟小朋友一起玩时如果想要对方手里的东西，也不再是直接伸手去抢，而是会做出这样的表达：

"妈妈！我想要吃蛋糕！"

"哥哥，我想玩一下你的小汽车，可以吗？"

这种可以把自己的感受、想法、需要等用言语语言表达出来的现象，心理学上称之为言语化。述情能力是言语化能力的具体体现之一，特指一个人可以把自己的内心感受言语化的能力。

言语化是最成熟的自我表达方式

在人类情绪的所有表达方式中，言语化是最成熟的一种方式，在人际中也是最具适应性的方式。

言语化能力好的人，大多时候都可以清晰地区分自己的躯体感受和心理感受之间的不同，也愿意表达自己的感受，遇到事情，内心有感受、想法和需要时会选择主动与人沟通。所以，在人际交往中，他们往往能够被人理解也能理解他人，被人尊重也尊重他人，拥有较好的人际关系和个人魅力，也能够较好地解决生活、工作中遇到的各种问题。

依据前面所讲的内容，我们知道这种言语化能力需要他们生命早期没有留下大的创伤，以至于没有留下过多躯体化的特点；也需要他们的养育者在与他们互动的过程中注重他们的感受，帮助他们学习如何为自己的感受命名，以及试着把内心的感受表达出来。当然，这些都需要他们的养育者本身就具有把内在感受言语化的能力，可以与他们在感受层面上有足够多的交流。

遗憾的是，在很多人成长的环境中，他们的感受其实并不被关注。他们的父母更关注的是对错、面子，或者只是关注他们在生理上是否吃饱、穿暖等。也就是说，他们父母本身的言语化能力就是弱的，这当然也会影响到他们言语化能力的顺利发展。

不止一位学员对我说过这样的话："我感觉我父母养我就像在养动物，吃饱、穿暖就行了，根本没意识到我还有自己的感受！"也有已经作为父母的学员向我表达："可能是我太虚荣了，我主要关注的是孩子表现得好不好、成绩好不好，很少关注也不会关注孩子的感受，我小时候父母也没关注过我的感受！"

因此也可以说，对于很多人而言，言语化能力弱是一个代际传递的结果。

言语化能力可以通过自身努力提高

不过，这并不意味着我们没有提升言语化能力的机会了。即便成年之后，如果在一段好的关系中与对方能够经常有感受层面的交流，或通过阅读、学习、接受心理咨询等方式，都是可以在一定程度上提高人的言语化能力的。

拿我自己来说，当我第一次听到有人说为我感到高兴时，我的内心真的有被触动的感觉，同时便也学会了这样的表达方式。毫无疑问，**我们所接触的人，都会对我们的言语化能力产生影响。**

在过去十多年的时间里，我陆续收到过很多读者和学员的反馈，他们告诉我，在明白了述情的原理、方法和重要性之后，通过不断练习，他们的述情能力确实有了提升。这也是很好的关于言语化能力是可以通过自己的努力得到提升的例证。

在心理咨询的过程中，咨询师关注最多的就是来访者的感受。因此，在一个有效的咨询进行到一定时长之后，来访者通常对自己的感受会更加清晰，感受言语化的能力也会得到明显提升。

我在咨询中也曾观察到这样的现象，几乎每位来访者在咨询后期都经常会出现这样的表现，即当他们在咨询中讲完一件他们在生活中遇到的让他们有情绪的事情后，马上就会说："对于这件事，我的感受是……"也就是说，到了咨询的后期，他们往往并不需要咨询师询问他们的感受，就已经自己开始述情了。

可以说，言语化的能力是一个人一生都有机会发展和成长的能力。如果我们愿意做一些努力并刻意地练习，就可以使这个能力发展得更加迅速。有了这个能力，我们就可以清晰地表达自己的内在感受，也就可以让家人、同事、朋友等身边的人更深刻地了解自己，从而与他们建立更加深入的关系。

能否把自己的内在感受用言语语言表达出来，对于我们每一个人来说都是非常重要的。因为这直接关系到一个人的爱情、亲子、职场、友谊等各种人际关系的好坏，甚至关系到自己能否幸福与成功。

第三部分

很多人的习惯是不表达感受

在实际的生活中，当内心有了情绪后，虽然不少人也用语言来表达，但习惯表达的内容，却不是直接言语化内心的感受。

比如：

"你这么做是不对的！"

"你这种行为太不应该了！"

"你这样就不合适了！"

这样的语言，来自理性层面的看法、观点、标准，也就是我们常说的讲道理、论对错、批评、指责等，其中也往往有攻击对方的意图。

无论在什么样的关系中，这样的表达，作为听的一方感受到的往往都是自己在被否定、被攻击。这时，内心也往往是受伤的，进而可能会产生委屈或愤怒。没有几个人在面临否定与攻击时还真心觉得心情愉悦，并且乐此不疲的。这种情况下，人们往往也不会有心情去理解说这些话的人心情是怎样的。这也意味着，常常这样对待别人的人，是难以与人建立真正高质量关系的。

如果是在养育孩子的过程中，不关注孩子的感受，只关注孩子做的事情是对是错，经常评价孩子或对孩子发脾气，那么养育出来的孩子会是极其脆弱和自卑的。表现出来的可能就是一方面追求完美，觉得完美的人生才值得过，另一方面又缺少实际深入做事所需的精力和耐心。

在任何人际关系中，如果你希望跟对方的关系够深入，所需要的就都是多关注感受。

面对同一件事，我们在表达内心最深处的感受时，就是用内心的柔软部分去连接对方内心的柔软部分。我们的感受得到表达的同时，对方的感受也被照顾到了。但当我们否定或攻击对方时，我们的确是表达了不满或愤怒，但对方的感受却没有被照顾到。

美国家庭治疗大师萨提亚指出，**好的沟通要具有一致性，要兼顾自己的感受和他人的感受以及当时的情境。**

表达自己的感受而非评价、指责、攻击对方，本身就有着兼顾自己感受和他人感受的双重作用。

非暴力沟通模式的提出者马歇尔·卢森堡博士认为，评判、比较、命令、指责根本就是一种语言暴力。如果我们与人沟通时对对方施加语言暴力，怎么可能还指望对方能够理解我们呢？这样导致的结果往往是对方的防卫与反击，而这不就是相互伤害吗？这也正是人们自相矛盾的地方。从内心深处来讲，当人们沟通时，通常是希望对方可以理解、关爱自己，但结果却往往是激发了矛盾，甚至导致关系的破裂。

比如，当爱人回家晚了，不少人的内心可能是担心对方的安全，或者害怕对方跟别的异性有什么瓜葛，这背后是很深的爱与期望。但很多时候，表达出来的却是指责与攻击："你还知道回来啊，干脆死外面算了！"言下之意就是爱人回来晚了是错的，应该早点回来。而此时，爱就变成了伤害。

实际上，人的大脑中的对错、标准、道理等理性评价和内心的感受是紧密相连的，当我们脑子里有对错一类的理性评价时，内心同时也一定会有感受。通常也正是为了不想让自己心里有这些感受，我们才会在理性层面上对别人进行否定与攻击。同时，当我们内心有感受时，也往往会在大脑中思考导致这些感受的原因，最后形成对事情的评价和思考。

可以说**人的理性和感受是共同运作又相互影响的一套系统，是分不开的**。就像树的枝叶和根之间的关系，它们本来就是一体的，

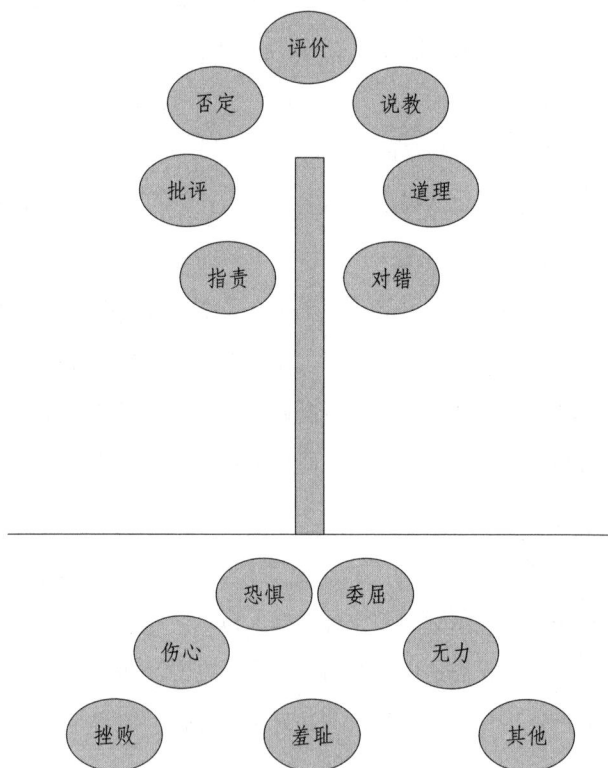

图2：人的理性与内心感受的关系

不可分割。如果你看到树的枝叶，那地下一定是有根的；反过来，如果你挖到了树的根，上面就一定有枝叶存在或曾经存在。

只不过，理性多的人往往只意识到了自己理性部分进行的思考和逻辑过程，较少能觉察到自己的内心已经同时有了感受。严重一些的，根本就意识不到自己内心的感受，完全活在理性之中。就像只能看到树的枝叶，而意识不到树还有根部一样。

他们当然也无法表达感受，所以很明显，他们存在着述情障碍。而这是因为他们的感受从小就已经被养育者忽视了，他们只能更多依靠理智来适应环境并生存。他们可能很聪明，但人际关系方面却可能会存在很多困难。因为光靠理智，是难以真正理解别人感受以及让别人理解自己感受的。

而与自己的内心连接紧密的人，却能清晰地体会自己的感受，也往往可以准确地感知别人的感受，从而在为人处世中可以经常理解和照顾到别人的感受。

也有人把理性过多的人称之为走脑的人，把与内心连接紧密的人称为走心的人。

第七章

人与人之间有两个沟通频道

最能说明内心感受和理性之间关系的，是委屈和不公平这两个词之间的关系。比如一个人因为下班时早走了一会儿被处罚了，而另外一些人也同样在下班时早走了却没有被处罚。

理性上，我们会说这不公平。这是一种评价。感受上，受到不公平待遇的人心里的感受可能就是委屈。（在这种情况下，很多人感受到的也可能是愤怒，但愤怒这个情绪比较特殊。关于愤怒这个情绪本身的意义以及如何表达，我会在后文详细叙述，这里就先不展开了。）而心里的委屈和理性上觉得这件事不公平，往往是同时存在的。述情就是暂时先把理性部分的内容放在一边，更多地表达自己的感受。

有不少学员告诉我，当他们在单位遇到让自己觉得委屈的事情时，一改原来说对方做得不公平的做法，变成告诉对方自己心里觉得委屈，结果很容易就获得了对方的理解，有的甚至让对方改变了原来的决定。

比如一个学员看到单位年底的评优方案中没有自己，心里觉得委屈，因为她这一年其实做了很多工作。于是她就去找领导表达了自己的委屈，结果领导就把她的名字加上了。

这样看来，人与人之间有两个沟通频道：

第一个频道中，我们企图通过评价、批评、指责、否定等在理性层面上讲道理的行为来表达自己、与人沟通，所以这个频道可以称为"道理频道"。当我们在这个频道里沟通时，我们就是在讲"理"，通常难以达成目标。因为只要对方不是那种内心特别强大的人，就很可能会产生难以觉察的羞耻、恐惧等痛苦感受。为了防御这些感受，他可能也会以同样的方式对待我们，甚至可能攻击我们。

在另一个频道中我们没有讲道理，而是讲出了自己的感受，目的是去连接对方内心的爱、柔软，也就是存在着感同身受能力、共情能力的内心部分。当我们讲感受时，表达的内容是我们的感受，同时我们的表达方式也存在着照顾对方感受的动机，所以在这个频道里沟通能够同时兼顾双方感受。可以把这个频道称为"感受频

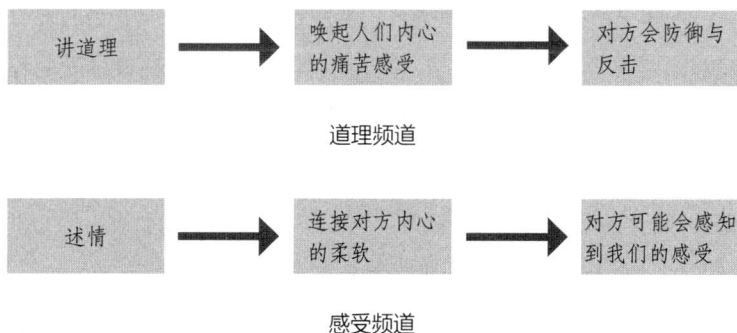

道理频道

感受频道

图3：人与人之间的两个沟通频道

道"，在这个频道沟通时，也可以称之为讲"情"。

当我们述情时，我们就是在感受频道里与对方沟通。我们愿意述情，是我们愿意照顾对方感受，说明我们内心是有感同身受能力、共情能力的，只要对方内心也有这些，我们就能连上。就像我们有一个无线电发送和接收的基站，只要对方也有这样一个基站，就能收到我们的信号。

生活中如果我们更多地述情而较少地评价、批评、指责等，就是尽量不在道理频道里与人沟通，而更多在感受频道中与人沟通，即更多地讲"情"，较少地讲"理"。毕竟对很多人来说，"理"讲得实在是太多了，或者甚至只会讲"理"。而当我们嘲笑、羞辱、谩骂、攻击别人时，可以说我们既不在道理频道里，又不在感受频道里，因为这已经不是在沟通了，而是把自己的情绪付诸行动了。此时我们既没讲"理"，也没讲"情"。

述情是与他人内心的爱与柔软进行连接

人际中，如果你感到很痛苦，当你述情的时候，只要当时对方没有因为自身内心也有痛苦，并且强烈到无法顾及别人感受的程度，对方通常就可能会感受到你的痛苦，就能理解你。如果你的痛苦与对方有关系，对方也可能会调整自己的做法。即便对方未必会调整他的行为，但他至少理解你怎么了，进而也可能会讲出他心里的感受，这样你们也可能会更多地相互理解。

这样之所以是有效的，是因为正常情况下，每个人内心都有柔软的、爱的部分，这个部分的存在使得人们会对他人感同身受。不过，这也基于对方是否有感同身受的能力。而这种能力是一个人的心理发展到了可以把他人也看待成一个人的阶段才会有的。**当婴儿意识到了原来自己是一个独立的人，而这时别人在他眼里也开始是一个独立的人了，他就具备了理解他人的能力，也就是感同身受的能力、共情的能力。**这同时也是爱的能力的基础，一个人只有心理发展到了这个阶段，才会真正地爱别人。

感同身受能力的本质，是既然别人也是一个和我自己一样独立的人，那伤害了别人时推己及人地想一想，如果我是那个人，我会有什么感觉；或别人有感受时，我们并不需要刻意去想，而是仅凭我们的感受能力就可以自然而然地了解对方的感受，就像无线电设备可以接收到信号一样。

如果是自己给对方带来了伤害，在感受到那个被我们伤害的人的痛苦后，我们自身也会产生痛苦的感受，比如内疚、心疼等。因此，有这种能力的人，一旦伤害了他人，自己心里也会感到痛苦。这其实就是我们平时所说的良心不安，这确保了人们会更多地善待他人，而不是伤害。

如果一个人在婴儿时期心理发展到可以意识到自己和别人都是独立的人之前，就受到了严重的创伤，那他的心理发展就会停止在这个阶段，就可能无法把他人当作独立的人看待，而是当成了自己的胳膊、腿一样的自我延伸物，是自己的一部分。这样当然也就无法感受到他人的感受，会缺少对他人感同身受的能力。

所以，即便是真的被别人伤害了，述情也不能保证每次都能让别人理解我们的痛苦。但尽管如此，述情还是提升了我们被理解的可能性，也不会像评价、指责、否定一样，让人感到不舒服，因此对关系没有破坏作用。

同时，完全无法对他人感同身受的人毕竟是极少数的，我们中的多数人都是可以做到的。但我们毕竟不是神，不能对他人所有痛苦都感同身受。不同的创伤、经历、心理学知识的储备量等都会影响到我们对他人的理解能力，我们也都在某种情况下存在着理解不了别人的可能。

也就是说，感同身受这种能力，每个人拥有的也不一样多。述情就是去连接对方的这个部分，无论他本身有多少。对方拥有得多，述情的效果就会好一些；对方拥有得少，述情的效果就会差一些。或者说为了效果好，就需要多一些述情。

而评价、批评、指责、否定等方式，除非你遇到的人内心非常强大，他在这种时候不但不难受，反而可以理解你，不然除此之外的很多人，此时往往都会激起羞耻感，也有可能激起恐惧等内心的脆弱感受。

比如自体比较虚弱的人，受不了别人说他们不好，这可能会唤起他们难以承受的羞耻感和自体要碎了一样的恐惧；而亲密关系中有分离焦虑的人被对方负面评判时，也可能同时会唤起心中对被对方抛弃的恐惧等感受；儿时经常被惩罚的人，还可能同时会有对被惩罚的恐惧。

羞耻感和恐惧都是让人痛苦的感觉，当人们内心痛苦时，就常常会下意识地去反驳、防御，甚至攻击，而根本听不到你讲的到底是什么了。所以，生活中我们常常会遇到这样的对话情景：

"这件事你做得不合适！"

"我怎么就不合适了？"

......

你讲对错，对方也讲对错，那到底谁对谁错？有时候不但难以讲清楚，还容易伤害感情。

评价是借助外界标准为自己主持公道

当我们遇到一件让自己觉得委屈或愤怒的事情，说不公平时，表达的就是一个与对错有关的评价。而所有的评价背后都默认人与人之间有一个被大家共同认可和维护的普遍标准，当我们评价别人时依据的就是这个标准。"不公平"这个评价背后的标准是"要平等地对待每一个人"。这里蕴含着一种人人平等、人人都应该受到同等尊重的人本思想。公平是对的，不公平是错的。

同样的道理，当我们说一个人太小气时，背后有一个人人都应该大气的标准，大气是对的，小气是错的；当我们说一个人太懒时，背后有一个人人都应该勤快的标准，勤快是对的，懒惰是错的；我们说一个人性冷淡时，背后有一个人人都应该喜欢性的标准，喜欢性是对的，不喜欢性是错的。

前面讲过，当我们说一个人错时，在感受层面上是我们的内心首先有了不舒服的感受，直接表达出这种感受，就是述情。但当我们去评价别人时，其实我们是在借力，借的是大众普遍认同的标准，标准的背后往往是我们自己对对方的期待或大众的目光。而这可以让对方内心感到羞耻，甚至恐惧，我们希望可以以此对对方形成约束或促使对方改变。

在各种人际关系中，很多时候并不涉及道德问题，而是关系到每个人的感受舒不舒服。在亲密关系中，是在一起是否幸福；朋友之间，是在一起是否愉快等。

说对方错了，此时对方在内心感受上往往是很不舒服的。在人际关系中，你让对方难受，对方还会想跟你关系亲近吗？就像两个小朋友之间发生了不愉快，结果其中一个就找来一个大人把对方打了一顿。这样一来，两人关系变好的可能还有多大呢？在很多关系中，感受良好，是别人愿意跟你交往的前提和关键。

在人际关系中，当我们评价对方时，我们所使用的标准就像是我们找来帮忙的大人，帮助我们指责对方，这样也许我们心里会好受一些，但接下来关系往往就会受到一定的伤害。如果我们不在乎这段关系是否还能继续倒也无妨，但通常这并不是我们想要的结果。在很多时候，当我们指责对方错了时，往往反而是希望对方对我们更好一些、更爱一些，或者希望对方变得更好一些，那这不就事与愿违了吗？

比如：

对方更大气一些，可以为我们付出得多一些。

对方更会为别人考虑一些，可以对我们关心、照顾得多一些。

对方更勤快一些，可以做更多的事情，我们就可以不用做那么多了。

对方更优秀一些，可能会让我们过上更富足及有面子的生活。

当我们使用这些标准时，是想要借这些标准为自己主持公道，进而使对方发生改变。但当被人评价自己是错的时，对方心里通常是会感到难受的。人有趋利避害的本能，难受之后，对方就可能想要远离你，或者更不想按你想要的方式去做了，这反而使得关系变远了。

评价的背后也隐藏着我们企图改变对方的内心动力，即"你没有满足我或没有令我满意，我要把你改变成能满足我或令我满意的样子"。

这多少有点像每个人出生后都有的，觉得自己可以控制一切的全能自恋状态。那时我们觉得世界是围着自己转的，自己是无所不能的，别人都是应该以我们为中心的。如果在成长中没有顺利地度过这个阶段，就会依然残留着那时的状态，觉得世界应该围着我们转，别人应该以我们为中心。

但别人也是人，也有自己的自主性和独特感受。如果别人为我们付出，让我们满足、让我们满意，一定是因为他是愿意这么做的，他在乎我们的感受。而如果他愿意这么做的话，也往往是因为他觉得他的感受被我们在乎了。

另外，评价会让对方感到感受没有被在乎。但述情不一样，述情是直接表达出自己内心的感受，并不会给对方不被在乎的感觉。还拿前面说的两个小朋友之间的不愉快举例，述情的方式就是其中一个小朋友直接和另一个小朋友对话，表达自己的感受、不满，自己亲自面对和解决问题，而不是找大人来把对方打一顿——这就有一种他还在乎两人友谊的感觉。

其实，在人际交往之中，当我们的内心有受伤、难受、愤怒等不舒服的感觉时，很可能也正是我们内在的小孩感觉自己受到了伤害。当我们说出自己的感受，就是打开了自己的心，把自己内心的感受表达了出来，去连接对方的内心。

这也是直面彼此内心的做法，充满着力量感。这样做通常不但会避免矛盾的升级和对关系的伤害，还可能让关系变得更好。

此外，评价、讲对错本身还传递了这样一种感觉，那就是既然你是错的，就说明我是对的。经常说别人错的人，仿佛自己一直是对的；经常说别人不好的人，仿佛自己一直是好的，这让我们活在一种似乎自己是完美的自恋感觉当中。

说教是企图控制他人的表现

日常生活中，人们喜欢的另一种表达方式是说教，在遇到别人做的事情不符合自己的期待，或引发了自己的焦虑，或觉得对方做得不正确时，很多人会直接说："你这样可不行，你要改一改！"也有人在听人说了某个人近期所做的事情觉得不合适后，会说"下次有机会我说说他"，意思是想要通过自己的说教直接改变一个人。

如果自己的或亲戚朋友家的孩子早就到了可以结婚的年龄但还没结婚，自己心里替对方着急，很多人会说：

"你可得抓紧啊！"

"大了就不好找了！"

"我这都是为你好啊！"

"你看你父母把你养大多不容易啊！"

"你看他们现在多发愁啊！"

等等。

这些话都有着说教的色彩。

那么，听到这话的人心里什么感觉呢？

这些年因为我接触过很多单身的学员，对这种情况带给他们的感受非常了解，那就是他们中的很多人都会非常反感，甚至愤怒，有的节假日宁愿一个人待着也不回家，就是为了躲避这些声音。

生活中类似的事情，其实有很多。比如，说教脾气不好的人要好好说话；说教夫妻不要吵架；说教子女要听父母的话；说教努力做事业的人不要那么拼；说教正在生气的人不要跟别人计较等等。

就说教会导致的结果而言，对于一部分没有自己感受的人，也就是人格组成中以假自体为主的人来说，他们需要借助外界的声音来作为生活的参考标准。说教的人所说的话，可能会成为他们做事的标准和决策的依据。看起来好像有点用，只不过如果同一件事甲说应该这样做，而乙说应该那样做，他们就又混乱了。

除此之外，说教他人的人，就其出发点来看好像也都有为对方着想的心，但却基本上都没有效果，还容易招致反感。

比如对于有自己感受的人而言，说教基本上就没有用，因为他们做事往往是遵循内心感受的，生硬的说教如果违背了他们内心的感受，他们只会反感。

再比如，对于一些从小就一直在和父母对他们的控制进行对抗的人而言，就更会引起他们的抗拒，因为他们中的一些人可能有着一种"你要我往东我偏要往西"的性格特点。

从精神分析的角度看，当我们说教别人时，所反映的其实还是我们的全能自恋，以为别人可以很容易就被自己的几句话所改变。

但人真的那么容易被改变吗？就拿脾气不好的人来说，经常发脾气与他们的人格发展水平有关。别人一不如他们的意，他们就想攻击别人。这样的情况即使做心理咨询的话，也需要很长时间才能发生一些变化，所以怎么可能你说要他改改脾气他就改了呢？这么容易改的话，他们身边的人早就把他改变好了。

人的性格特点、行为举止等，都跟自己的内心感受、人格特质有着密切的关系。当内心感受、人格特质没有变化，而是想直接用几句话就改变他们，在绝大多数时候都是不现实的。就像那些被催婚的单身朋友也一定存在着他们还没有结婚的原因。

比如，要么他们所处的环境中找对象并不容易，男女比例失调等；要么他们也在努力，只是暂时还没有结果；要么他们本身因为一些原因恐惧情感关系；要么他们刚从一段关系里走出来；要么他们有在相处的对象，但还没到可以见家长或结婚的时候；要么人家喜欢的根本就不是异性；等等。

如果我们去说教他们，其实是直接忽略了所有这些因素，不管对方有多大的苦衷、困难，就想凭自己几句话让对方改变，这不但有点太瞧得起自己那几句话的分量，而且在那一刻似乎也没有把对方当成一个有着内心感受的独立的人来看待。有点像不管人家嘴里的果子有多难吃或肚子舒不舒服，都想把果子摁到人家肚子里去的感觉。

我们每个人儿时都有全能自恋的特点，即便是成年后，在很多人身上也都或多或少有所残留，只是没有那些具有自恋型人格障碍的人表现得那么明显和强烈。而我们对此却很少自知。

人际关系中，有些人用自己的强势控制他人，有些人使用极其隐秘的弱势方式来控制他人。其中都有着全能自恋的色彩，都是把他人当成满足自己的工具，而非独立存在的人。也许是因为这种全能自恋的残留出现在了我们身边太多人的身上，所以我们也较难鉴别了，以为那就是人们本来应该的样子，特别是当我们自己也有那些特点时。

但我也相信，随着心理学的不断普及，人们的自我觉察能力也会持续提升，会有越来越多的人对此有所觉察，并进行内省。

生活中讲道理、论对错、做评判等，也都有着说教的色彩，进而也都与我们的全能自恋有关，都是我们想直接改变对方的做法。

比如：

"你太爱钻牛角尖了！"

"你太矫情了！"

"你脾气也太大了！"

"你挣钱也太着急了！"

等等。

甚至包括遇到有人心情不好，很多人安慰对方时会说"你要想开些"，这多少也有说教的意味。人内心的情绪如果得不到理解，就不是说想开就能想开的。这些有点像：自己拿个锤子，就把别人都看成钉子，哪个钉子不符合自己的要求，就直接砸两锤。

人在婴儿时期的全能自恋是必要的，之后就需要转化为人的自信、力量感。这样我们就可以影响到他人，并具有毅力、效能感①等品质。但同时一定要在把他人也看成与自己一样独立的人这个前提之下，这样才可以在满足自己的时候照顾到他人感受，才不会在达成自己目标的时候，给他人带来痛苦。

---

① 心理学名词，指人们对自身能否利用所拥有的技能去完成某项工作或行为的自信程度。

有效的沟通，一定是感受层面的沟通

看了前面的内容，也许有人会问，不说教，那要怎么办呢？什么都不说吗？看着不管吗？

遇到前面所说的那样的事情，我们也可以管，也可以使自己做的事情有用，但这就要放下我们的全能自恋，承认别人也是一个独立的人，也是有感受的，并不会完全如我们的意。知道每个人都没那么容易被改变，自己的几句话没有那么大作用，然后慢慢从感受谈起。

全能自恋会让我们感觉自己很强大、很有力量，仿佛一切都在我们的掌握当中，所以想要放弃也没有那么容易。但只要有觉察，觉察到一次就调整一次，也不是没有可能发生改变的。这个时候，不再说教，而是在感受频道里从感受开始谈起，述情和共情都是有用的，也都是需要的。

如果你真的是为对方好，说明你是关心对方的，对方生活中存在的问题，你也是有担心的，那表达出你的担心，也就是述情，对方就可能会感受到你的心意。然后在对方愿意和你对话的前提下，去了解对方内心到底经历了什么，感受是什么，事情为什么是这样的。当对方的感受被理解了，就有可能会发生变化，只是很多时候并不是一两次谈话就可以有效果的。

所以，如果真是遇到身边有人还没有结婚，即使是真的关心对方，也需要先问问对方是否愿意讨论这个话题，并表达出自己的感受，然后再去了解对方心里是怎么想的、经历了什么，等等。

也许可以这样说："想起你的时候，经常会担心你的终身大事，今天见到你，想问问你现在的情况，但也不知道你愿不愿意说这个话题？"

这样就是先表达出自己的感受，并给予对方选择的权利，在得到对方的允许后，再去了解对方经历了什么，而不是直接把自己的想法强加给对方。这才是一种把对方当成一个独立个体的态度，才是一种心与心的沟通。

其他方面的事情也都一样，通过感受层面的沟通，进入到对方内心深处而不是直接改变对方，这才是真正能够帮助到对方的方法。心理咨询中的谈话和日常生活中的说教、指责、批评、评论等之间的最大区别，也正在于此。

心理咨询的理论发展到今天，也越来越认为咨询师既不是一个高高在上的专家，指导来访者改变，也不是纯粹的白板一块，让来访者向上面投射自己内心的内容，而是认为咨询师和来访者一样，是一个有着主体体验的人。**心理咨询的过程也正是两个独立个人相互作用的体验过程**[①]，深入的咨询往往需要很长时间。

根本上来说，我们之所以需要接受心理咨询，很大程度上是因为生活中缺少可以像专业的咨询师那样关心、理解、接纳我们，与我们有那么深入、持久的沟通与交流的人。

在这个过程中，咨询师分享自己的感受，有时对来访者的成长也很重要。也就是说，心理咨询的过程就是一个咨询师和来访者在感受层面上沟通交流的互动过程。

---

① 精神分析的理论之主体间性心理治疗的观点。

并且我觉得，虽然在日常生活中人际沟通不能完全像心理咨询过程一样，但随着心理学的普及，心理咨询中咨询师所秉持的态度以及很多沟通方法，尤其是精神分析和人本主义流派的理论和方法，也会被更多的普通人所接受和掌握，变成我们日常生活中沟通对话以及为人处世时的态度和方式。

拿我自己来说，随着对心理学知识的学习和积累，我会越来越多地把我所学习的理论和方法运用到我的生活中，比如亲密关系、亲子关系等中。可以说在心理学理论的发展和普及过程中，最早在生活中受益的，一定是心理学这个行业的从业者。

生活中，我们想要与别人有深度的沟通，特别是想要帮助对方时，最好也是在感受层面进行深入的沟通。

第八章

发脾气最容易伤害关系

人际之中，除了我们前面说的评价、说教会影响关系外，另一个最为影响关系的做法就是发脾气了。而生活中那些让人们痛苦的情景，也往往是身边的人经常发脾气导致的。

比如，很多人在成长的过程中都会有因为父母发脾气而造成创伤的经历。因为父母经常发脾气，并且当时情绪太大，导致儿时见到父母就害怕的情况在人群中也并不是个例。

最为严重的，往往是对父亲的恐惧[①]，因为一些父亲发起脾气来不但样子吓人，还可能会动手打孩子，或者至少他们觉得父亲看起来像是会动手打他们的样子，导致他们看到父亲就紧张、害怕，甚至身体发抖。这严重破坏了他们内心的力量感以及对权威的安全感，以至于在人际中非常害怕冲突、恐惧权威，这会直接导致亲密

[①] 对母亲感到恐惧的情况也有，但作者工作中遇到的对父亲有严重恐惧的情况占比较高。

关系和职业发展等受到非常严重的影响，甚至会有社交恐惧。

爱人之间的关系之所以出现问题，很多时候也是因为二人经常吵架。而所有的吵架之所以会发生，也一定是因为有人先发脾气了，如果没有任何一个人发脾气的话，架肯定吵不起来。

朋友之间，如果我们动不动就发脾气，就不太会有人再真心想跟我们交往，因为没有人交朋友是为了被当成出气筒的。

职场当中，如果情绪控制不好，就可能伤害与同事、领导的关系，从而影响职业发展。

总之，在人际关系中，经常发脾气除了让自己当时觉得舒服些以外，对关系本身以及对自己的长久幸福来说，伤害往往都是非常大的。

但是，当内心有了愤怒，不发泄出来，难道要隐忍吗？隐忍的滋味也不好受，并且忍到最后的结果往往是忍无可忍，积压的愤怒情绪还是会爆发出来，最后有可能发了更大的脾气，对关系的破坏也可能更大。相信我们都对"我忍你很久了"这句话不陌生，而这句话就反映了人对愤怒的忍耐能力是有限度的，超出限度就会爆发这一事实。

有了愤怒，发泄出来不好，不发泄、忍着也不好，那要怎么办呢？其实，当我们有了愤怒的情绪后，除了发泄和隐忍，还有第三个选择，就是述情。

这需要我们先来探讨一下愤怒情绪的本质。愤怒是人的攻击性力量，以此来保护自己或对他人施加影响。愤怒这种力量，通常只会指向我们可以控制的对象，比如人、动物等。被人从楼上扔下的垃圾砸到了头，我们可能会愤怒；宠物咬坏了新买的皮鞋，我们可能会愤怒；被一块砖头绊了一脚，我们也可能会愤怒。但面对地震、台风、洪水等自然灾害带来的巨大灾难，我们往往只有悲伤、无助、恐惧，一般不会愤怒。

人和动物都是可以被我们一定程度影响和改变的对象，而地震、台风、洪水这些都是大自然的力量，太强大了，除了事先预防和事后努力救灾，我们无法去教训大自然让它以后长点记性。

从中可以看出，愤怒首先是一种控制性力量。我们愤怒是因为我们想要控制对方，如果对方属于可控制的对象，我们才可能会愤怒。如果对方太强大，我们根本不可能控制，我们一般就只有恐惧、悲伤和无助，通常不会愤怒。（一种例外的情况是，有些全能自恋比较严重的人，也会对大自然的力量愤怒，比如天气不好时，有的人会愤怒。）

其次，控制往往又与我们内心的痛苦有关系。比如当对方入侵我们，触碰我们内心的某些痛苦，或者所作所为不符合我们内心的期待时（这时在潜意识里，触碰到的是我们内心婴儿般的需要未被

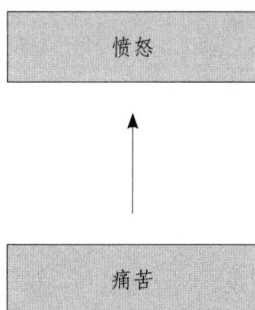

```
┌─────────────────┐
│      愤怒        │
└─────────────────┘
          ↑
          │
┌─────────────────┐
│      痛苦        │
└─────────────────┘
```

图4：愤怒的底层是痛苦

满足的无助和挫败），我们都会心生愤怒，然后想要攻击对方，以期待可以消灭我们的痛苦或使对方更加符合我们的期待。

归纳起来，在人际关系中，有三种情况容易使我们愤怒，其背后都与我们的控制感以及内心深处被唤起的痛苦感受有关。

常见愤怒原因之一：感到被入侵

当感到被入侵时，我们通常都会愤怒，这时的愤怒是对自己的一种保护性力量，如果缺少这种力量，我们就无法保护自己，就可能会使自己的利益、权利、尊严等受到损失和伤害。

比如面对侵略者的入侵，我们会愤怒，然后奋起反抗，这时愤怒就是我们保家卫国的力量源泉。再比如面对别人的刻意羞辱，我们会愤怒，然后反击过去，这时愤怒就是保护自己尊严的力量。还比如有人破坏我们的财产，我们会愤怒，进而采取行动保护自己的合法权益，这时的愤怒就是保护自己财产的力量。

拿我自己来说，有一段时间我新买的车停在车位上，车门反复被邻居上下车开车门时磕到，车漆磕掉了十来处，每次看到都让我心疼。并且我通过物业提醒了邻居一次后，还是会被同一个车位的车磕到，我心里就很愤怒。于是我联系了物业请对方见面直接沟通，并要求赔偿。之后，对方再磕到我车门的情况就变少了，停车开门的时候也会注意一些了。

所以愤怒在这个时候，是一种有效的保护性力量。此时的愤怒是一种适宜的反应，甚至可以说这就是愤怒作为力量存在的最为必要的原因。如果缺少这种情绪，我们可能就无法保护自己的基本权利了。也就是说，缺少健康的攻击性的人，可能保护不了自己的尊严、权利和财产等。

其实在人际关系中，入侵非常常见。一方面是有一些人缺少边界感，也是一定程度缺少共情的能力，有时无法体会到或根本就不在乎别人的感受；另一方面，我们也都会有疏忽或考虑不周的时候，也可能因为不了解情况，一不小心就入侵了别人。

比如多年前我刚开线下课，有一次刚买来的音响声音开得大了些，但我并不知道会影响到楼下，等到楼下邻居来敲门打招呼，我才知道原来楼下是可以听到的。从此以后，每次开课我都会把音响声音开到能够让学员听到就可以了。如果课程需要音响的音量大一些，我也会安排助教去门外和楼下听一下，以确保不打扰到邻居。之后就再也没有邻居来敲门了。

这也就是说，有些时候对于一些新事物、新环境等，人们在并不了解情况的情景下入侵了别人，但自己可能是不知道的。只要人们还在相互接触和互动，人与人之间相互不经意的入侵也就在所难免。如果我们遭受了类似这样的无意入侵，直接愤怒地冲对方发脾气，或报复对方，是很容易引发或激化矛盾的。

述情，在这个时候往往可以起到作用。因为绝大多数人还是愿意考虑别人感受的，即便有少数不在乎别人感受的人存在，他们缺少感同身受的能力，但他们也在乎自己的尊严，如果你尊重他们，他们也往往会尊重你。

而我们要做的是不被愤怒控制，并通过愤怒看到背后其实是有我们的痛苦感受的，把这些痛苦感受表达出来，通常是可以得到对方理解的。从这个角度来看，所有的愤怒，背后都有我们的痛苦感受，愤怒只是一种继发情绪，是为了保护我们不再痛苦，原发情绪是我们的身体或心理的痛苦。

拿我的新车车漆被磕掉来说，我的痛苦感受是心疼新车；拿我的音响声音太大来说，邻居的痛苦感受可能是心烦。这种时候，直接把愤怒的情绪发泄出来就是发飙、发脾气；动手去报复对方，比如把对方的车门也磕了，或者也用噪音去干扰对方，是付诸行动；选择忍了，如果之后身体某个部位不舒服，比如头疼、胃痛、胸口疼，这是躯体化；而选择向对方表达自己的感受，就是述情。

而述情也往往是处理与亲人、邻居、朋友、同事间各种矛盾的最好方法。也就是言语化我们的感受，让对方可以理解我们，进而做出调整。或者说，面对人际中常见的那些并不会带来太大伤害的入侵，述情应该是我们最先选择的方法。而冲对方发飙、寻求公权力的帮助等都应该是在述情无效之后的做法。

当然，如果对方的入侵一开始就是故意为之，给你带来了损失或伤害，或触犯了法律，述情在这个时候往往既没有必要也没有效果。寻求公权力的帮助，让对方知道你也不是好惹的、伤害别人是要付出代价的，也是很有必要的事情。

常见愤怒原因之二：痛苦被触碰

一个男人在朋友提到他前女友的名字时，非常生气地说："你能不能不要在我面前提这个女人的名字了。"

看到这样的场景，我们都很容易想象到，这个男人可能是在前面这段情感关系中很受伤，那种伤痛的感觉大概还没有痊愈。朋友一提到他前女友的名字，他那种痛苦的感觉就来了。为了不让自己感受到这些痛苦，他就开始攻击那个朋友。

这其实就是我们会愤怒的第二种情景，即当觉得别人触及了我们内心的某种痛苦时，我们就可能会攻击别人。其目的也是保护自己，让自己不用去感受内心的痛苦。在这个过程中，我们内心的痛苦往往是在前的，别人只是有意或无意地触碰了这个痛苦。

就像我们的手臂上有个伤口，我们肯定是害怕被人触碰到这里的，如果不小心被人碰到了，导致伤口很痛，我们也就有可能会对对方很愤怒。

人人心里都有创伤，人际之中只要与人互动，这些创伤就都可能会被人触碰到，我们也就可能会愤怒。因此，创伤越多的人，被触碰到疼的机会就越多，对人愤怒的可能性也就越大。

比如有自恋方面创伤的人，根据我们前面提到过的自体心理学的理论，可以理解为他们的自体很脆弱，就像气球或空心玻璃球。一旦有人否定他们，就像有人从外界给他们内心的这个球体施加了一个压力。他承受不了，内心就会痛苦，这个痛苦在潜意识里相当于害怕自己的自体会被挤扁或破碎。

这种感觉非常难受，其强烈程度甚至和人类对死亡的恐惧相当。为了不体验到这种感觉，他们就会愤怒，想要攻击那个否定他的人。这也就是说很多时候我们冲别人发火，其实并不一定全是别人的问题，当然，也不是说就一定是我们自己的问题——常常是别人和我们的互动所导致的结果，可能是别人碰巧不小心触碰到了我们的伤口或脆弱。这个时候，如果我们对于自己内心的伤口或脆弱没有觉察，就可能会直接朝对方发火。

这样的话，虽然过往经历的创伤事件都过去了，但那时的创伤却依然在影响着我们今天的生活，以及我们的人际关系。并且，如果你结了婚，有了孩子，最容易受到你这种内心创伤影响的往往是孩子。因为孩子最脆弱，最容易受伤。然后孩子受到创伤之后就可能会继续影响他的孩子，导致创伤在一代代人之间传递，心理学把这个过程称为创伤的代际传递。

这种情况下，一方面我们可以寻求专业人士的帮助，疗愈自己内心的创伤，等到内心的创伤少了，被人触碰到的机会也就少了。特别是核心自体脆弱的人，当核心自体变得强大、有力量、有韧性、连续性好，就像实心的橡胶球一样结实时，也就不怕被别人否定了，我们想要发脾气的情况当然也就会少了。这不但能让人拥有好的人际关系，还避免了创伤在家族中的代际传递。

另一方面，在我们内心的痛苦被唤醒时，向对方述情，告诉对方自己内心的痛苦，这样也就降低了对方再一次触碰我们内心痛苦的可能。比如那个男人在朋友提起前女友时可以说："对不起，我现在听不了她的名字，可以不再提她吗？"

这样的话，自己既没有发脾气，又没有忍着，还因为在表达自己感受的同时尊重了对方，所以也很容易被对方理解、尊重、接纳。留给对方的印象也会是这个人既有素质又有力量。

而害怕被否定的人，则可以对否定自己的人说："听到你说的话，我感到我离你所期待的样子差距很大，这种差距让我也感到很无奈。以我的能力，我感觉我的确达不到你的期待，你看看要不要将就一下，接受我就是这么个人？"这里既表达了自己的感受——无奈，又共情了对方的感受"离你所期待的样子差距很大"，因此对对方也是有滋养作用的。

人际关系中，帮助一个人降低他们对我们的期待，最好的方法就是承认我们自己的不完美。长此以往，对方挑剔、否定的动力往往就会降低，因为承认我们自己不完美，就等于告诉对方："是的，我不完美，但你看我不也过得好好的！"

毕竟对方否定我们时，不一定就是我们做得不够好。很多时候，也是因为对方对我们的期待过高，而这种现象是非常常见的，因为很多人自己的内心也并不够强大，甚至是弱小、无力的，这时他们就可能会期待自己是完美的，或身边的人是完美的。

当然，我们既然是在谈愤怒的情绪，就很有可能在愤怒的那一刻心里没有觉察，而往往是发完脾气之后才觉得自己好像不应该那么做。就算在发完脾气之后再去觉察自己内心的痛苦，觉察到了再向对方述情，这对关系的修复也是有帮助的。

关键是我们是否可以觉察到自己愤怒背后的痛苦感受，觉察到了，才有可能去述情。有一个问题在这个时候也许可以帮助我们，那就是问问自己：对于这件事，为什么我会这么愤怒呢？

顺着这个问题，就有可能会找到自己愤怒背后的痛苦。如果找不到的话，有一种可能，就是那些痛苦太深了，我们还意识不到。这个时候可以看看心理学的书籍，听听心理学的课程等，多一些对自己内心的了解，有助于我们意识到内心深处的感受。如果愿意，也可以找一个专业人士就这个问题进行一些探讨。

就像我们身体上如果有莫名的不舒服，可以去医院做一些检查一样，当我们心理上有自己不了解的不适感受时，也可以专门做一个心理上的检查，这两者都是我们对自己健康的关注和负责，也是爱自己的具体体现。

还有一种情况，在某些人际关系里，你告诉过对方你的感受并请对方不要再触碰了，对方如果还触碰，那要么是对方感同身受的能力实在太差了，要么就是他缺少边界意识和对他人的尊重，是故意为之的。这个时候，你也需要保护自己，可以拒绝对方的话题，甚至怼他，这些都是必要的。

我曾经看到过一个演员在参加一个访谈节目时，主持人问了一个他不想回答的问题，他告诉过主持人自己不想回答这个问题后，主持人还是反复纠缠这个问题，他就怼了主持人："我已经说了，我不想讨论这个话题！"这个过程中，他虽然有些发脾气，但观众对他的好感反而可能会增加，因为觉得他有力量感，是一个有能力保护自己的人。

毕竟，愤怒这种力量，本来就是为了解决这种事的，这个时候不愤怒，还要等到什么时候呢？

常见愤怒原因之三：控制感受挫

去年夏天，我在陪亲戚一家人到北京郊区游玩时发生了这样一件事：我们一行人在走到一段浅浅的石头铺的斜坡上时，有大概不到20米远的路，亲戚家3岁左右的孩子完全可以自己走上来，但他就是不愿意自己走，哭闹着一定要让大人抱他上来。他哭的声音很大，但可以听得出来，他的哭并不是那种伤心的痛哭，而是一种干号。也就是说，他并不是因为痛苦才哭的，而是为了达到让大人抱他的目的而故意在哭闹。最后大人没有向他妥协，而是鼓励他让他自己走上来，他虽然很不情愿地在走，但可以看出来，他走这点路其实是完全没问题的。并且之后的行程中，他再也没有提出过让大人抱他的要求。

这个孩子的这种干号似的哭，并不是伤心和委屈，而是在发脾气，企图用这样的方式来控制大人，以便让大人可以按照他的意志来做事。从心理学的角度看，这其实有很大程度的自恋性暴怒的成分，是具有全能自恋感的人在别人不按自己的意志行事时愤怒的表现，也是他们用来控制他人的方式。在儿时是这样的哭闹，或躺地上打滚等，成年之后，往往就会变成大发脾气，甚至动手打人。

每一个人在生命的早期，都觉得自己和世界是一体的，自己是世界的主宰，自己想要什么，世界就要满足他，这时的人是完全活在全能自恋中的。这一点可以通过很多精神分裂症的病人都觉得自己就是神，全世界都归他掌管的这种现象得到验证。精神分裂症病人的创伤就是生命早期的创伤，他们在内心世界中幻想出的那些内容，反映的正是人们在生命早期的感觉和幻想。

当然，养育者就是婴儿在那个时期的外部世界的代表，而婴儿是需要有可以控制全世界的感受的，这样他们才觉得安全。那时，婴儿向养育者发出信号的方式就是哭，养育过孩子的人都知道，只要婴儿哭闹，一定是有需要了。

任何一个人在婴儿阶段都需要依赖养育者的照顾才能存活。婴儿一哭养育者就会观照孩子是否有什么需要，然后及时给予满足，这样婴儿就能得到及时的照顾和关爱，因而才能健康成长。

随着年龄的增长，婴儿变得可以独处、会走路、会说话、会用手拿东西、会自己吃东西，并且能认识和理解很多事物，也就是说他有了自我照顾的能力。但是，只要发出信号就可以被满足的感觉太好了，在内心意愿上，他们是想要依赖养育者来满足自己的。

如果这个时候，养育者不再完全满足他们的需要，而是让他们自己做一些力所能及的事情，他们的能力就会慢慢提升，自我效能感也会提升，依赖性会逐渐减少。同时，他们在这个过程中自己做的事情越多，就越能认识到客观现实的困难程度和自己的能力的实际水平在哪里，现实感也就会越强。

此外，他们也会慢慢接受自己是控制不了养育者的这一事实。这其实也是一种分离，他们越来越意识到养育者并不是自己的一部分，而是一个独立的人。他们的全能自恋感也会慢慢被驯服，变成一个自信、自尊，又具有较强现实感和人际边界的人。

但如果他们在生命早期阶段因为创伤而导致了心理发展的停滞，或者如果因为养育者的溺爱，没有及时减少对他们的满足，他们和养育者之间就延续了婴儿期完全的控制与被控制的状态，就依然活在全能自恋中。

全能自恋的人觉得别人都是自己的一部分，而并不是一个独立的人，都是应该满足自己的。一旦不被满足，他们就会愤怒，这也就是自恋性暴怒——一种用来攻击别人，让别人满足他们的攻击性力量，或者在别人没有满足他们时想要摧毁别人的力量。

前段时间看到一个新闻，一个老人嫌公交车司机开车的速度太慢，就用买菜的小推车砸司机的头，导致司机一度昏迷。这个老人当时的状态，就是非常典型的自恋性暴怒。

自恋性暴怒的逻辑非常简单：你要按我想要的来，不然我就愤怒，然后攻击你。

这个老人的做法和前面提到的我亲戚家孩子的做法虽然一个是动手打人，另一个是哭闹，但就其自恋性暴怒的性质来讲是没有任何区别的，都是控制他人失败后的暴怒。如果我的亲戚在孩子一哭闹时就来满足他的话，以后他长大了也很有可能变成这个老人的样子，只要不如我意就攻击你。

如果你仔细观察的话，会发现生活中很多人发脾气都属于自恋性暴怒。比如，孩子不听话就打骂孩子；爱人不如自己意就大发雷霆；去饭店吃饭服务员上菜慢了就骂服务员；开车在路上嫌前车挡路就骂人家等等，都是自恋性暴怒的具体表现。

特别是在亲密关系中，很多时候明明是担心、害怕对方不再爱自己，希望对方可以一直爱自己，但很多人表达的却不是自己的担心、害怕、爱意等内心深处的真实感受，而是指责、批评、否定，这其实也是全能自恋在起作用。如果带着很大情绪的话，就也可能有着自恋性暴怒的色彩。背后的逻辑是：只要我需要你的爱，你就要爱我，如果你不爱我，我就愤怒，然后攻击、评价你。其内心其实是希望通过自己的攻击、评价来控制对方，让对方爱自己。

当然，这里也有借用"你是我的爱人，你爱我是对的，不爱我就是错的"这样一个对错标准的意思。但其本质还是在控制对方，进而让对方满足自己的需要。

童年时期，我曾经因为看到邻里间一些本来血缘关系很近，或是多少也有点沾亲带故的人，又或者就是天天见面的邻居，经常因为一些很小的事情吵架甚至大打出手，而百思不得其解。我经常独自躺在田间地头，一边仰望着蓝天白云一边思考：在这个浩瀚的宇宙中，每一个人都是那么渺小，但为什么我看到的有些人，却总是觉得自己是那么厉害呢？

这个问题困扰了我很多年。直到明白了自恋性暴怒的内涵后，我觉得我找到了答案。自恋的人觉得自己是宇宙的中心、世界的主宰，全世界都应该围绕自己转，任何不如意都会让他们愤怒。当两个都有些全能自恋的人发生了矛盾，都激发了自恋性暴怒后，那有没有血缘关系结果不都是吵架或打架吗？

仔细觉察会发现，似乎虽然我们已经长大了，但全能自恋的残留多少都有一些，那些脾气特别坏的人残留得多些，偶尔不如意时就发发脾气的人残留得少些。我不确定是否有人完全没有残留任何的全能自恋，毕竟全能自恋是人们刚来到这个世界时的样子。

就感受而言，如果我们内心还残留有全能自恋，那在别人不如我们的意时，我们内心的感受在表面上可能是愤怒，但愤怒的背后却是无助、无力、挫败、失落等感受。因此当我们因为愤怒而去攻击他人时，我们离这些感受就远了，好像变得很有力量了。因此也可以说自恋性暴怒，也是对这些感受的防御。

但作为一个成熟、独立、有边界的个人，我们其实就是要接受别人不受我们控制，我们也不可以控制别人这一事实；就是要接受世界和他人不是为了我们而存在的，也不会完全如我们的意这一事实。生而为人，一定会有很多事情不如我们的意。然后在这个前提下，做出自己的努力，去影响别人和世界。但这就已经不是直接去控制世界和他人了，而是自己努力去争取或请求。

比如那个老人如果赶时间，可以对司机师傅说："师傅，我有点急事，赶时间，可以开得快一些吗？"之后，司机满足或不满足他，都是他需要接受的。

就是说，**接受自己不能控制世界和他人这一点，是一个人早晚都要面对的功课**。倘若没有在儿时经由父母恰到好处的拒绝来学会接受，没有在那时体验过自己的局限性以及他人也是人，并不受自己控制这一事实，也就无法成为一个成熟的、有边界的人，就要用未来的人生，甚至整个一生来逐渐接受这个事实：我不是全能的。

这也是很多人在成年后痛苦的源泉，生活不如意、工作不如意、爱人不如意、孩子不如意、世界不如意等等。无法接受这些不如意，也会抑郁，这也是一些人抑郁的主要原因，他们无法接受自己其实不是全能的。

解决自恋性暴怒这个问题最根本的方法，是我们要慢慢接受自己不是全能的这个事实。

在表达方面，我们要做的是在希望别人满足我们时，袒露自己的脆弱、感受和需要。可以使用请求、商量的语气来争取对方的同意，给对方选择的空间和权利，这样就不是在控制对方了。如果对方不同意，我们也接受。如果此时内心有无力和挫败感的话，跟这些感受在一起，接纳和感受它们，而不是付诸行动，就是对真实的世界和他人的接受和适应。

对方如果满足了你，心愿就得到了满足；对方如果不满足你，就得到了一个接受世界和他人的机会，也是一个接受自己不是全能的机会。对于全能自恋感很强的人而言，这时内心肯定会痛苦。但这是每个人在儿时就需要体验到的痛苦，如果那时没体验完，长大了就会继续体验，等到体验完了，也就不再那么痛苦了。

用来表达请求和商量的语言，通常是包含"可以"两个字的。

"可以帮个忙吗？"

"可以让一下吗？"

"可以帮我催催菜吗？"

这样的语言，既表达了自己的需要，又体现了对对方的尊重，依然是属于述情范畴的，是对自己需要的语言化。而需要的背后往往就是感受，所以本质上也是对感受的语言化。比如请人帮忙的背后是感到自己的无助和无力，催菜的背后是因为着急。

这样的表达，也增加了别人满足我们的可能，因为别人得到了尊重，也拥有选择的权利。至于请求后别人答应或不答应，都是我们要接受的。如果因为别人不答应而感到愤怒，就需要去体验此时愤怒背后的无助、挫败、失落、无力，甚至是伤心的情绪。这个过程，也并不是隐忍，而是接受。接受世界和别人并不受我们控制，接受别人也是人，接受别人有他自己的主观感受和个人意志，接受自己不是全能的，接受不是所有的事情都会如自己的意！

这样看来，述情本身就是那些没有那么多全能自恋感的人才会使用的语言。如果我们刻意去述情，就正是接受和承认自己不是全能的这一点。

述情，不只是在连接他人，也是在接纳自己。

第九章

讨好是在教别人不尊重我们

前面讲的内容中，不论是发脾气还是隐忍，其实都有一个前提，就是心中有明确的愤怒情绪。这里我要说的是另一种情况，就是那些看起来好像缺少愤怒情绪，也就是经常以讨好的方式与人互动的人，应该如何提升自己的述情能力。

如果说隐忍的做法指的是心中有愤怒但忍着不发作，就像高压锅一样，内心情绪的张力很大，但就是盖着盖子不让情绪出来，那么讨好型的人则很少能感觉到自己的愤怒情绪，他们好像根本就不会生气，就像高压锅根本就没加热。

不过，他们也并不是天生就不会生气，只是在成长过程中为了适应环境，经常会把愤怒这种感受压抑到内心深处去。压抑久了，愤怒被压抑得太深了，那在之后的人生中需要生气的时候，这种情绪有时也出不来了。

他们是极其委屈的一类人，往往感受不到愤怒情绪。除了面对实在是比他们还没有力量，或者他们确认对方是根本无法伤害到自己的人，比如孩子、电话客服、服务员、保姆等。

愤怒是人的保护性力量，没有了向外愤怒的能力，他们就无法保护自己。因此，在和他人发生冲突时，他们所感受到的经常是委屈和恐惧。他们的很多真实感受也一直被压抑着。最为严重的就会成为前面我们说的那种和自己的真实感受失去联系的人，成为一个躯壳一般的存在。

在人际之中，他们也常常表现得没有自己，通过放弃自己的真实感受来迎合他人，进而远离心中的恐惧。比如跟朋友一起吃饭，朋友问他想吃什么，他可能经常说"吃什么都行"。而实际上任何人都有自己的口味偏好，甚至身体本身在不同的时期也有对不同食物的需要。但他们就是这样，习惯性通过忽略自己的感受来迎合别人，从而避免和别人发生冲突，或避免让别人对他们有负面的评价。

但实际上，这样不但会让他们自己感到委屈和压抑，进行自我攻击、增加内耗，而且也大大减少了他们的个人魅力以及别人对他们的尊重。因为魅力和尊重一定都是建立在一个人尊重自己、爱自己的前提下的，讨好型的人似乎在教别人不用重视和尊重他们。

讨好是愤怒但又恐惧，才形成的防御行为

会出现这样的情况，究其原因，是因为在讨好型人成长的过程中，他们的养育者不但不关注他们的感受，往往还会在他们表达不满的时候报复他们。而这又与很多养育者本身承受不了攻击，且总想完全控制自己的孩子有关，本质上也是全能自恋的残留。

比如当他们生气时，家长打骂、指责他们，甚至威胁不要他们

了等等。作为孩子，他们因为害怕父母的指责、打骂和抛弃等，就可能不再敢发脾气。也可以说，为了生存，他们选择了压抑自己的攻击性。但压抑久了，就可能不会向外愤怒了，而只会攻击自己。

当然，作为孩子，他们对很多事情的认识和理解也不够全面，所以内心的有些恐惧也可能是他们自己想象出来的。比如，在孩子偶尔一次攻击了父母，或者哪怕是在想象中攻击了父母之后，父母又碰巧生病住院或离开家出去工作了等，孩子心里就可能会觉得那是因为自己攻击了父母，导致父母抛弃了自己。

很多父母也都要求孩子完全听话，但完全听父母的话不就是放弃自己的观点和感受，顺从和讨好父母吗？**任何人都不应该是完全听话的，因为真的完全听话就意味着没有了自己。孩子如果真的变得特别听话了，背后其实常常是对父母的恐惧，或者希望通过讨好父母来获得父母的爱和认可。**而这对于孩子拥有独立的人格和力量感来讲，都不是一件好事。

真正的成熟不是没有自己，而是有自己的同时心中也有别人。因为对别人的感受有着深深的理解，就不会为难、伤害别人，同时还会向别人妥协。但如果自己不舒服或不愿意的话，也可以表达出来或明确拒绝。

归纳起来，讨好型的人认为养育者不能承受他们的攻击性。他们觉得如果他们攻击了养育者，要么会被报复或不再被爱、不再被认可，要么就会直接摧毁养育者。因此，他们只能把攻击性压抑起来。后者可能是全能自恋的结果，觉得自己的攻击性太具有毁灭性了，父母根本就承受不了，因此以后就不敢让它们出来了。但的确也存在着一些父母真的承受不了孩子攻击的情况，他们会崩溃。

有来访者这样形容自己内心的感觉："我感觉，我一旦愤怒，全世界好像就要被我毁灭了一样。"在他的成长过程中，就是不能对父母表达攻击性的。一旦表达了，他的母亲不但会批评、指责他，有时还会跟他大闹情绪，用"不想活了"威胁他；而这时他的父亲也常常过来帮助母亲一起批评、指责他，说他是不是要气死母亲。

还有来访者在与我的互动中也不敢表达自己的任何不满。比如我偶尔把咨询时间搞错了，或者忘了他们说的某些事情的细节等，他们心里经常是有不满的，但在咨询的初期就是不敢表达。

我当时经常会和他们讨论这些问题，他们要么是害怕表达之后我就不给他们做咨询了，要么是害怕表达之后我就觉得他们不好了。这就等于害怕攻击我之后，我会抛弃他们或不再认可他们。而他们，无一例外都有着无法承受他们攻击性的父亲或母亲。

单从攻击性这个维度来看，人群中存在着两种极端的人：一种是充满攻击性的人。看谁不顺眼，或谁让他们稍有不如意，他们马上就攻击谁。他们的脾气是极其坏的，是经常会自恋性暴怒的。比如我曾经见过一些小镇青年，走在大街上谁看他一眼，就要上去打人家。

而另一种就是讨好型的人。据我观察，在实际的生活中，极度讨好的人往往有经常自恋性暴怒的父母。一旦他们攻击父母，就肯定是会被报复或惩罚的，所以他们只能压抑自己的攻击性，变成向内攻击。也就是说，那些经常自恋性暴怒的人，很可能会养育出讨好型的子女来[①]。他们子女的攻击性很早就被自己给打压下去了，

[①] 另一种可能是养育出跟父母一样充满攻击性的子女，这是子女对父母的认同，心理学称之为向攻击者认同。其目的是防御心中的恐惧，即我成了和你一样的人，我就不用害怕你了。

且子女的内心深处也一直存在着对父母深深的恐惧，严重的甚至会觉得自己的父母发起脾气来是可能会打死自己的。

虎毒不食子，会打死自己孩子的父母是极其少见的。但当父母对孩子太暴力时，孩子也的确会有这样的恐惧，好像他们的父母真的会打死他们一样。这种情况下，他们还怎么敢发展自己的攻击性呢？没有攻击性都害怕被打死，一旦有了攻击性，不是更危险了吗？

有这样的父母，似乎也注定了他们充满委屈和压抑的命运，以及更高概率的抑郁。但这样的命运也是可以改变的。除了接受专业人士的帮助外，如果他们想要自己改变的话，要做的事也正是学会表达自己的感受，特别是愤怒的感受，以此来保护自己。

习惯讨好的人，心中压抑着强烈的愤怒

在人际之中，需要我们对别人大发雷霆的情况其实是很少见的。多数情况下，我们要做的就是表达内心的真实感受以及保护自己。

不过，讨好型的人通常会在想象中觉得如果要做真实的自己，就可能会和别人发生激烈的冲突。就是说他们的内心本来就是愤怒的，但因为恐惧对方，不敢发泄出来，则表现为了相反的状态，即讨好对方。从心理学的角度看，这其实就是愤怒的反向形成[①]。

这既是因为他们把别人都想象成与他们父母一样脆弱和易怒

---

① 一种心理防御机制，指人们把潜意识中不能被自己接受的欲望、冲动转化为意识中相反的行为。

的人，也是因为他们内心压抑的攻击性其实很强烈。他们的潜意识知道一旦把内心的攻击性力量释放出来，就可能会和别人发生激烈冲突。

愤怒的情绪是一种能量，越压抑，爆发时就可能越强烈。也就是说，讨好型的人在遇到别人入侵他们时，他们心中其实是愤怒的，只是意识不到。但这些情绪都积累在潜意识里，并且越积累越多，情绪的张力也因而越大。因此，讨好型的人一旦发起脾气来，威力可能真的非常大。

这也是为什么某些一怒之下会干出杀人等极端事情的人，生活中给人的印象却是极度老实，几乎从不发脾气的。心里的愤怒从来不表达出来，但一直在积累，越积累能量越大，到最后他们自己都控制不住了。而那些只会对服务人员、孩子等相对弱势的群体发脾气的人，发起脾气来的样子往往也很凶。

因此，也可以说很多讨好型的人都在讨好和发脾气的两极中间摆动，当面对比他们有力量的人时会通过讨好来与对方互动，而面对比自己力量弱的人时就可能会发脾气了。因为他们的内心往往是没有力量的，比他们力量弱的人不多，所以他们绝大多数时候都是在讨好的，只有少数时候会发脾气。

不过，不管是讨好还是发脾气，都不是好的与人互动的方式，前者委屈了自己，后者可能让别人委屈。

他们要做的，其实就是往中间走，既不讨好，也不大发雷霆。**如果一个人能够经常关注自己的真实感受，可以使用述情的语言将其表达出来，并能坚守住自己的立场和边界，也就没有必要再讨好或发脾气了。**

还拿上面说过的和朋友一起吃饭来举例，讨好型的人在朋友问他们想吃什么时，大方去问自己的胃，看看自己想吃什么，然后说出来即可。这样其实反而让朋友在与他们交往时更好做人，因为知道了如何可以让他们得到满足。反之，什么都不说不但委屈了自己的胃，还让对方不知道如何才能满足他们。

这也关系到一个人的魅力，那些有魅力的人，往往都是有明确喜好的。这些喜好让一个人鲜明、与众不同。

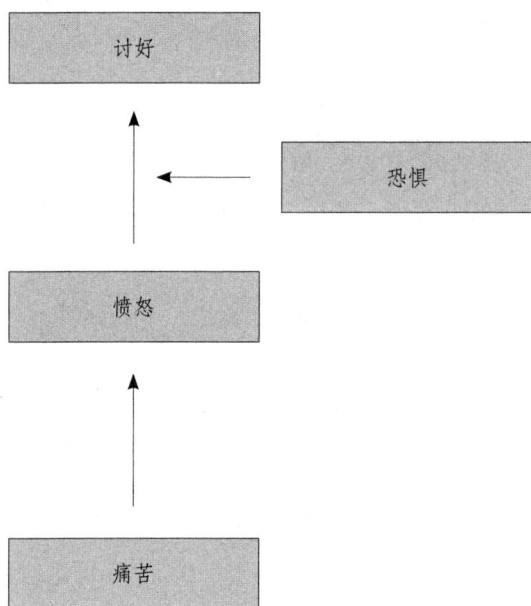

图5：讨好的底层是愤怒

述情，可以让内心的力量感发展出来

讨好型的人内心觉得别人可能都像他们的养育者一样脆弱和易怒，所以一旦想要表达自己内心的愤怒，就可能会唤起他们的恐惧，担心对方发火或不再喜欢他们。但当他们真的表达了之后，对方如果并没有像他们想象的那样做，他们的内心就会一点点地发生转变。当然，一次经历所导致的这种转变很微弱，弱到当时几乎感觉不到。但如果可以经常这样做，那么积累起来的微弱变化就会形成一个大的变化。

就像你去健身房健身，能明确感觉到累和疼痛，但很难在当时就感觉到自己的力量增加了，假以时日才可以看到明显的变化。

述情这种表达方式，说出了自己的感受但没有指责别人，所以一般也并不会激起别人的愤怒。人们心中的恐惧，通常只是儿时对父母的恐惧，并不是对眼前这些人的恐惧。明白这一点，对于克服恐惧是有帮助的。

讨好型的人会面临的另一种常见的困难，就是面对别人的入侵，有时会过度妥协，即便自己心中不愿意，也会违心地满足对方。比如遇到有人向自己提一些过分的要求，明明觉得自己跟对方的关系没到那份上，或对对方没那么了解，心中并不想满足对方，但偏偏不敢或不好意思拒绝。这其实关系到一个非常重要的议题，就是力量感。

在我们的周围，边界感不清晰的人，有依赖倾向的人，对别人的边界与个人意志不够尊重的人其实很多。如果我们缺少拒绝他人、保护自己所需要的内心力量，要么就会有很多麻烦，要么就会想要回避很多人际关系，因为不交朋友就不用纠结要不要拒绝这些人了。

其实人际之间关系走得近与拒绝也并不矛盾。就算夫妻之间、兄弟之间、亲子之间，不愿意做的事情也是需要拒绝的，没有拒绝就没有自己。就像国家，没有边境线和保卫边境所需要的力量，也几乎就是没有这个国家了。

具体到拒绝来说，最好的拒绝，就是温和而坚定的拒绝。也就是说，态度是温和的，但立场是坚定的。这样就可以做到既不伤害关系，又拒绝了你不愿意做的事情。

温和的态度可以通过述情和说话时的语气来达成，而坚定的立场就需要内在的力量了。当我们力量感不够的时候，想在拒绝时做到立场坚定的确是一件不容易的事情。就像自己的核心自体如果像气球一样没有力量，那一旦跟别人硬碰硬，就会被挤变形，并感受到巨大的压力。这种情况，如果我们在可承受的前提下还愿意努力去坚持，就可以慢慢锻炼自己，增强我们内心的力量，让自体变得强大。

这种态度也是我们在教育子女，为孩子设置边界的过程中所需要的。想要拒绝孩子的要求时，立场要坚定，但态度要温和。遗憾的是，很多人对待孩子的方式要么是过度满足孩子，要么是在受不了孩子的哭闹时打骂他们，这样就是立场也不坚定，态度也不温和。

讨好型的人，如果一改原来的不表达感受、不坚持自己、不敢拒绝别人的做法，变得可以述情也可以拒绝，那么时间久了，力量感也就会一定程度地出来了。

当然，这个过程一定会痛苦，因为要反复多次地去面对自己内心的恐惧。

在心理咨询中有一个规律，就是原本一直压抑攻击性的人，当咨询进行到一定时间后，他们感觉到咨询关系是安全的，咨询师是有力量的、是可以承受他们的攻击性的，那他们的攻击性就会开始显现。之后往往是他们首先会对咨询师表达愤怒，然后对生活中最为亲密的人，比如他们的父母、爱人，再后是对朋友、同事、陌生人等表达愤怒。在这个过程中，他们起初也是恐惧的，只有克服了这些恐惧，才能真正地成长与变化。

经过这样的过程之后，他们的攻击性才能被整合到人格之中，变得有力量。但拥有了攻击性并不是变成一个动不动就发脾气的人，只是不再像以前那样讨好、顺从，而是变得有自己的自主性，会遵循内心的感受，会维护自己的边界等。

这既是把他们的攻击性整合到人格中成为力量感的过程，也是他们开始关注自己的感受，表达自己感受的过程。

当他们在咨询中表达愤怒时，咨询师所做的正是去探讨他们愤怒背后的痛苦，让他们把那些痛苦表达出来。这个过程，也能够帮助他们学会言语化自己的内心感受。

即使不是在咨询中，压抑攻击性的人也可以学着表达自己的攻击性。只不过这种表达并不是直接用语言去攻击他人，而是把内心的攻击性作为支撑的力量，表达出自己真实的感受并坚持自己的立场。

前面说过，坚持立场是需要力量感的，如果真的坚持住了，那么力量感也会增加。回避人际关系的人，因为不怎么与人交往，就失去了一个逐渐增强内心力量的机会，也失去了去发现外部真实世界的机会，只能一直活在自己想象的世界里。

第十章

什么都不说，别人真不一定能懂你

前几年，每当我在春秋两季休息的时间里长时间地站在家里的窗边，望着北京郊区的山峰发呆时，我爱人和儿子就经常会说："又想去钓鱼了吧！想去就去呗！"这是因为我曾经跟他们讲过，如果哪天从我家里可以清晰地看到北京郊区的山峰，就说明这一天的气候条件是适合钓鱼的。可以看清远处的山峰就说明当天的气压高，水中的含氧量高，鱼的活性大就喜欢觅食。这样的日子去钓鱼，不但鱼好钓，人坐在水边也舒服。

他们知道，我在观察远处的山峰，多数是我在思考今天要不要去钓鱼。他们对我已经非常了解了，也可以说，在这一点上我爱人和儿子跟我已经心有灵犀了。

而心有灵犀是很多人都期待的，特别是在亲密关系中。不止一个女学员说过类似的话："我想要的就是心有灵犀的爱情，什么事情别等我说，他就能明白。如果要我说出来才能懂我，那还叫什么心有灵犀？还有什么意思？"也曾经有男学员说，他想要找的女朋友就是要跟他心有灵犀的女人。

心有灵犀，顾名思义是指彼此心里想什么，有什么感受和需要，不用说出来对方就知道。这种体验真的非常好，有一个这样的爱人，你会经常感到自己被深深懂得和看见了。但心有灵犀的爱情，或与好朋友间知音般的友谊，与单位团队成员默契的配合，其实都是长期沟通、相互表达以及观察了解的结果。不太可能有根本一点都不了解，就能知道对方很多心思、想法、感受的人。

即便是母亲，也未必懂我们

除此之外，如果实在要说还有谁可以在我们不说的情况下就能很懂我们的话，那个人就是我们的母亲。所谓知子莫若母，母亲把我们从一个不会说话、不会走路的婴儿养育成人，是最了解我们的人。

拿我儿子来讲，我爱人对他的了解真是比我要多太多了。对于这一点，让我印象最深刻的是一件发生在我儿子还只有几岁时候的事情。有一次，他手里拿着一个平板电脑边玩边从我和爱人面前走过。我爱人只瞟了他一眼，就对他说："儿子，先别玩了，赶快去上厕所吧！"

原来我儿子贪玩憋着一泡尿不去上厕所，我爱人从他走路的姿势看出了这一点，而我却一点也没有意识到。

此外，要说母亲对孩子的了解之深，更神奇的是在孩子刚出生几个月的那段时期里。那时孩子还不会说话，有什么需要基本全靠哭、表情和简单的肢体动作来表达，但大部分的妈妈都能准确理解并满足孩子的需要。

比如婴儿可能只是一个眼神儿，妈妈就知道他可能是饿了，马上就把他抱在怀里喂奶；婴儿只是呼吸或表情有一些变化，妈妈就知道婴儿拉屎了，赶快换尿不湿；有些妈妈在客厅或厨房忙，卧室里睡觉的婴儿醒了，也许还没哭，她们就凭直觉感知到了。

这其实是妈妈们进入了一种特殊的敏感状态中。在怀孕后期以及生完孩子最初的一段时期，母亲们一般情况下都会变得特别的敏感，她们感知孩子的能力，对孩子的上心程度，比平时要强得多。

温尼科特把母亲这个阶段进入的这种状态叫作"原初母性贯注"（Primary Maternal Preoccupation），意思是这是一种本能的对孩子的全神贯注、敏感和投入的状态，是被怀孕和分娩唤醒的原始母性。

这种状态只是在怀孕后期和分娩之后的一段时间里出现。随着孩子长大，母亲的这个状态就会消失，慢慢回到原来的状态，对孩子的贯注、敏感程度也都会逐渐降低。这也是一种每个人在婴儿时期才能被满足的状态，什么都不说就能够被这么深深地懂得。也只有那个时期的妈妈才能做到。

并且也不是全部妈妈都能做到这一点，一些妈妈因为自己在生命早期没有被照顾好，所以她们在怀孕和分娩之后就可能不会出现"原初母性贯注"的状态，而这也必将导致她们的孩子在生命早期无法被照顾好，进而出现心理发展上的停滞等。而如果一个人的心理发展停滞在了婴儿期，他自然就会期待自己可以不用说话就被别人理解，特别是对爱人更容易有这样的期待，因为这就是那个阶段婴儿的特点。并且这些人在内心有了情绪之后，也是最容易出现躯体化和行动化的人。

也可以说，期待什么都不说别人就能理解自己的人，实际上可能还活在婴儿时期的共生状态中，觉得自己和别人是一体的，是没有区别的。但实际生活中别人和我们又不是同一个人，所以什么都不说别人真的不一定会懂。

当我们愿意通过述情去表达自己，让对方来理解我们时，本身就说明我们认识到了别人和我们不是一体的，是有区别的，我们什么都不说的话，别人是不一定会懂的。

当我们成年之后，如果内心还在期待这种"什么都不说就能被懂、被理解"的关系，那不管是不是心理发展停滞的原因，本身就值得我们重视和思考。因为没有人可以做到在不够了解我们时就能那么懂我们，所以这样的期待就经常会让我们对他人失望，特别是在亲密关系里。

也有人虽然会说出内心的想法和感受，但所说的内容有时其实是在暗示别人。或者说一部分，然后留一部分让对方猜测。这种情况下，对方也不一定会懂得。比如，亲密关系中想让对方陪自己出去玩，就说："今天天气真不错！"

咨询中我也经常遇到有来访者在简单说明一些情况后就对我说："你应该明白我在说什么吧？"但实际上，他们不多说一些，我真的不一定明白。不过对于他们期待我能在他们没说那么多的情况下就能更多地懂他们这一点上，我通常是明白的。

心有灵犀，是长期表达的结果

实际上在各种人际关系中，如果你接触的人够多的话，你也会发现，不要说不表达了，就算是你清晰地表达、述情，也有人可能理解不了你。因为就是有人理解别人的能力较差，需要你反复多次，甚至推己及人、将心比心地跟他讲，他才可能会明白。

有的人常说的一句话是"我就是理解不了他是怎么想的"，这其实说的就是他们不理解别人某些时刻的心理过程和内心感受。如果他们跟别人进行深入沟通时，别人把心里的思考过程和感受都讲出来，他们就可能会理解了。

比如，你看到一个老人多年来一直在交谊舞厅里独自跳舞，可能会觉得奇怪，但如果你知道了他是在怀念去世多年、曾经经常一起跳舞的妻子，就会很容易理解了。很多人可能已经猜到，这其实是歌曲《漠河舞厅》背后的故事，歌曲的作者就是通过短暂的沟通了解了老人的故事，之后写下了这首感人至深的歌曲。而因为了解了这一点，在听到这首歌时，或者网上看到老人在舞厅独舞的场景时，我们就都可以理解那位老人了，并深深被他触动。

可以说，人与人之间的不理解，很多时候只是因为不了解。了解了，就容易理解了。而想让别人了解我们，就需要充分地表达。特别是在那些比较近的关系中，当你充分表达，特别是表达感受的话，也许忽然有一天你就会发现在你和一些人之间出现了那种"不说就被懂"的感觉，而这一定是你长期表达的结果。爱人之间也是一样，只有足够多的表达，才能创造出心有灵犀的爱情。

第四部分

述情不只可以让人理解我们

从心理学角度看，人类是这样一种动物：所有人类是一个整体，当中的任何一员在出生之后，都必须与这个整体当中的某个人建立起心与心的连接，获得这个人包括吃饱穿暖等基本生存需要在内的照顾、理解、关爱、接纳、认可、喜欢等，我们把这些内容称为爱，以此才能正常存活并健康发展。

当然，正常情况下，人们儿时去连接的那个人就是自己的母亲。

我们只有通过从母亲那里得到足够多的爱，才能成为一个正常人，感觉到自己是存在的，生命是有意义的，自己是好的，才会不再孤独和空虚，并可以享受当下的生活。

不然，即使我们的身体会正常发育和成长，但在心理上可能还是会感觉不到存在感，也感受不到生命的意义，更不会觉得自己是好的，能感受到的只是无尽的孤独、空虚、无意义感和痛苦，也就更难以去创造或是去爱了。

这一点可以在那些患有严重精神病或抑郁症的人身上看到。前者被心中巨大的被迫害的恐惧所吞没，无法正常地生活，往往需要他人的照护；而后者则感觉不到任何的快乐，对什么都没有兴趣，有的甚至连走路的力气都没有，缺少生活所需的最基本的能量。而这些疾病都或多或少和生命早期与母亲的连接失败有一定的关系。

工作中我也经常听到有学员说，"一旦身边没有人，我就感觉到我和这个世界好像没有了联系，就像掉进了黑洞，四周都是黑的。我也感觉不到自己是存在的了，好像自己要消失了一样。"

这也是生命早期和母亲的连接出现了一些失败的结果。也就是在婴儿时期需要母亲的时候，母亲没能及时满足他们的需要，或者有时还会入侵他们，这些都会影响他们对自身存在的连续性体验。

比如母亲不是按婴儿的实际需要，而是按固定的时间喂奶，那婴儿就可能会在饿的时候得不到回应，造成被忽视；而不饿的时候被迫进食，造成被入侵。

再比如有些母亲会在婴儿睡觉时离开家，特别是农村地区的，可能会趁此机会下地干活。等到婴儿醒来时找不到人，就会陷入巨大的恐惧之中。这种恐惧感会严重打断婴儿对自身存在的连续性体验。

这种存在体验被打断所造成的创伤，使得他们一直都具有婴儿时期的某些特点。比如他们需要有人和自己共生，才能体验到自己的存在；一旦没有了共生对象，他们就会陷入令他们恐惧的孤独感当中，体验到存在感的消失。也正是因此，他们在感情中一旦出现分手、离婚等分离情景，内心就会很痛苦，这种痛苦持续的时间也会较长。

关于婴儿的存在感和母亲的照顾之间的关系，温尼科特曾经这样描述：

> 一个鲜活婴儿的全部生命进程构成了一种"持续存在"，这是一种存在主义的蓝图，在这段似乎着了魔的有限时期里，一个能够献身于她的这项自然工作的母亲，是能够保护她的婴儿处于这种"持续存在"的状态的。任何

的侵入，或适应失败，都会导致婴儿产生一个反应，而这种反应就会打断婴儿的"持续存在"。

　　这其实要求一位母亲首先要在她儿时和自己的母亲有足够好的连接，并得到过足够好的照顾。进而在她做了母亲之后才能准确感知婴儿的需要，不然，她给的照顾可能不是少了，就是多了。

　　照顾少了比较好理解，就是忽视了孩子；而多了的，则是对孩子的入侵或溺爱。这些母亲给孩子的，其实往往并不是孩子自己真正需要的，而是她们把自己儿时没能得到满足的内心需要投射给了孩子，或者仅仅是为了证明自己是个好妈妈等。比如那些孩子明明不吃还追着孩子喂饭的母亲，她们满足的就肯定不是孩子自己的需要了。

　　这样的母亲，就是在她们儿时没有和自己的母亲有好的连接的人。

　　也就是说，如果我们去连接的这个人本身和人类整体就没有好的连接的话，我们和他也是没办法有好的连接的。这也是很多人觉得自己没有被好好爱过的原因，因为如果他们的母亲就没有被好好爱过，自然也给不了他们那么多爱。

　　爱就像火，一根没有被火点燃的干柴，是点燃不了另一根干柴的。完全没有被爱过的人，是爱不了别人的。就像一根根被点燃的干柴可以组成一堆篝火一样，整个人类组成了一个精神上的整体，每一个人只有与这个整体建立了连接，成了这个整体的一部分，才能够正常生活并感受到生命的美好。随着逐渐长大，我们会和这个整体中的更多人产生连接，和这个整体的联系也会更加密切。这种连接，是心与心之间的，因此在很大程度上靠的就是人类的感受体系，具体到沟通层面上，就是表达自己的感受和理解他人的感受。

述情，其实也是和人类这个整体去连接。

如果不表达自己感受的话，我们将被理性主宰，同时也会失去和人类这个整体的紧密连接，由此陷入心灵的孤独，成为一个身处闹市的孤独者，关键是我们对此还可能并不自知。

其中，连接本身并不是最终的目的，最终的目的是我们要通过与他人的连接来获得理解、关爱、接纳、认可等。就像在家里铺设水管本身不是目的，而是要通过水管得到源源不断的自来水一样。

可以说，和他人连接，并由此获得理解和爱，是述情的一个基本作用。但述情的作用却不止于此，它还有着更多、更重要的作用。比如可以在一定程度上疗愈自己，可以使我们更清晰地认识自己和世界，还可以用来表达对他人深深的理解等等。

第十一章

能表达恨，才能更好地爱

曾经有学员问我："述情时是否一定要心平气和？有时候确实忍不住自己心中的怒火。"

答案当然是否定的。

本书前面提到过，当自己心中有愤怒时也可以通过述情来表达，这并不是说我们每次说话时都一定要心平气和，一定要刻意压抑着自己的情绪，这样既难以做到，也没有必要。心中有愤怒的时候，带着真实的情感将自己愤怒背后的深层感受表达出来，往往既真实有力，又能够有较好的沟通效果，且不会伤害关系。

并且通过不断地表达，我们就可能会和愤怒背后的那些情绪体验连接上，话语中的愤怒感就会降低，而背后的真实情感就会更多地浮现出来。这也使得表达更加真实和彻底，听的一方会更容易理解我们，且往往并不会觉得受伤。

拿我自己作为听的一方的体验来说，曾经有一次，我在接儿子放学回家的路上，对他说快要考试了，以他现在的成绩学习要再抓紧些。这时，他大声冲我说他已经很累了，中午赶时间做作业连饭点都没赶上，最后只吃了碗方便面，课余时间也一直都在学习。

虽然他一开始声音有点大，带着生气的情绪，但因为他说的是自己生气背后的真实情感，且说着说着就变成了委屈的感觉，所以我并不觉得受伤，反而开始心疼儿子，怪自己连问都没问他这周在学校的学习状态，就开始表达自己的想法。

后来，我还意识到，我当时其实也有想要说教儿子的意图，但很明显，他是不吃这一套的。不管是在学习上还是其他事情上，他都有自己的节奏，而别人是很难让他改变节奏的。这一次他表达完内心的感受之后，也让我对他更加放心了。

真正伤害人的，并不一定是情绪本身

人的内心有爱也有恨，并且在各种人际关系里，爱和恨都会同时指向对方，这两种情感其实有点像调节我们和他人关系的两种力量：爱让关系变近，恨让关系变远。就像车的前进挡和倒挡一样，方向是相反的。

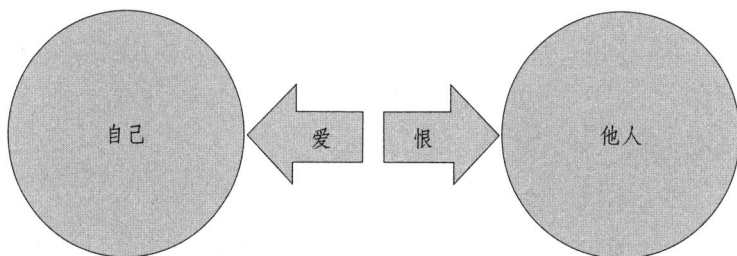

图6：人际关系中，常常有恨又有爱

当我们觉得对方离我们太近了，入侵了我们，什么事情都想要让我们按照他的想法做时，就需要推开对方一些，这时恨就可以起作用了，它使我们可以拒绝对方，或者干脆离对方远点。或者，我们对一个人发了火，之后又觉得自己做得好像过分了点，就想要弥补对方，这是当恨表达得有点多时，爱就又出来了。

有人会觉得在好的关系里怎么能有恨，这其实就像质疑车为什么要有倒挡一样，再好的关系也需要调节距离的远近，而恨也正是人的攻击本能，是用来保护自己的。

也会有人不懂得如何表达恨，担心一表达，就伤害了对方。

其实在实际生活中，除了狂怒、咆哮、歇斯底里等可能会唤醒一些人儿时被人以暴怒对待时的恐惧外，很多时候人们在表达时会伤害他人的，其实并不一定是声音中的愤怒情绪，而可能是他们所说的内容本身。也就是说，带着情绪说话时声音大、嗓门高，并不一定就会伤害人；相反小声说话，但说的话却很重，才有可能伤害到人。

再说件我和儿子之间发生的事情。在他大概四五岁时，有一次因为我不让他玩游戏，并收走了他手里的平板电脑，他就生气地跑去躺在沙发上，然后用书包盖着脸，嘴里悄悄地嘟囔着什么。他的声音很小，我站在卧室门口听不清楚。因为好奇，我走到他身边俯下身，想要听清他说的内容，当我听清后马上就觉得心里很痛，因为他说的是"王八蛋、王八蛋、王八蛋"。

即使是悄悄说的话，也可以很伤人。

在我的线下课程中，为了帮助大家充分理解以上内容，我曾经多次让同学们做过一个体验，就是用吵架的样子大声对周围的同学说出"我爱你",或者说出自己喜欢吃的水果的名字,然后体会一下心里是什么感觉。

大家试过后发现一点也不觉得被伤害了,反而会觉得好玩。一时间此起彼伏的"橘子、苹果、我爱你"的声音,也经常让课堂氛围变得很喜乐。

大家也认识到,述情不是压抑自己,而是表达自己。述情的时候,只要不狂吼、不歇斯底里得让人恐惧,就没有必要刻意压抑自己的声音,当然也没必要刻意提高嗓门。**真实是在述情时最重要的,也是最有力量的。**

并且,从对人际关系有利的角度来看,如果我们想要跟一个人拥有好的长久关系,也最好在心里对对方有不满的时候就表达出来。因为压抑着这些不满会影响关系,使得我们并不想要再和对方亲近。

恨的压抑,会影响爱的连接与表达

生活中,有的人即使心中有愤怒也当作没有一样,还依然对对方笑脸相迎或讨好对方,这样就是把愤怒和内心深处的感受都压抑了,既不真实,也不好受。

时间久了,就很容易想要和对方保持距离或干脆切断关系,这样导致的结果往往是不但恨没有得到表达,爱也没有多少了,因为爱被恨挤压了。

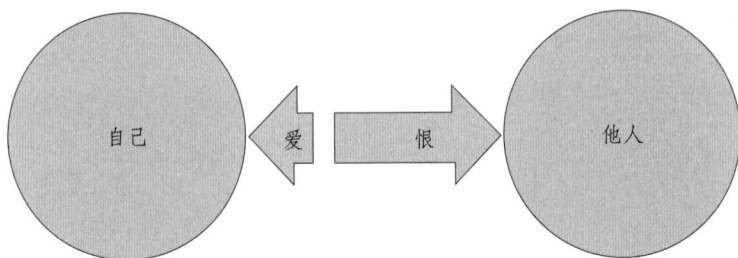

图 7：恨变多了，就挤压了爱的空间

也有很多人生气时，并不会讨好对方，也不表达自己内心的真实感受，而是直接选择不理对方。这其实是一种把愤怒情绪付诸行动的做法，常常会使得关系很久都不会有改善，也使得自己心中的愤怒一直得不到释放。

这种情况下，有些人心里的愤怒甚至可以憋很多年。要么是后来有一个机会表达出来了，要么会在一些事情上寻求机会报复对方，而这会使得关系更加不好，甚至激化矛盾。

比如同事之间，报复就可能是哪天在对方工作上有求于自己时，虽然嘴上答应了，但却在行动上拖延，这就变成了一种隐性攻击[①]。直接表达往往有机会让彼此相互理解，缓和关系，而隐性攻击就不会了，最后的结果很可能是对方也开始生气、记恨，双方的关系越来越糟糕。

并且，如果隐性攻击变成了一个人在人际中表达攻击性的一种

[①] 在一段关系中，弱势一方对强势一方进行攻击的方式。有些人在心中有愤怒时不敢直接攻击，就会不自觉地采取这样的方式表达不满。

常用模式，那他就很容易变成人际关系不好的人。而在职场上，这肯定也会影响个人的职业发展。

在亲密关系里憋着心中的愤怒不理对方，就会变成冷战。有的夫妻甚至可以因为关系不好，几十年不睡一张床，也就是冷战了几十年。

实际上，**人际中最好的关系，是那些敢于表达恨，然后又能继续爱的关系；最好相处的人，也正是那些敢于表达恨，之后又勇敢爱的人。**

人际之间一旦有了恨，却没有表达的话，这些情绪就会成为我们与对方之间的一堵冰墙，虽然使得对方难以再次伤害到我们，但也会阻隔相互之间的情感流动。

而把恨表达出来，就像是推倒了那堵冰墙，直面对方，也让对方直面我们的不满和真实感受。之后，也往往容易获得对方的理解，让对方更加了解我们的底线、边界、脾气、禀性等，更加知道如何与我们相处，关系往往因而变得更加亲密。

可以说，表达了恨，才能更好地爱。

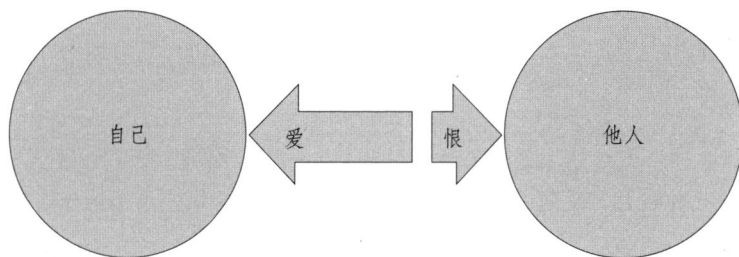

图 8：恨都表达出来了，爱就多了

爱人间如此，家人亲戚间如此，好朋友间如此，同事间亦如此。

将人际关系具体到亲密关系中来说，什么叫好的亲密关系呢？

不吵架、不冲突的爱人关系不一定是好的亲密关系，因为也可能其中一方或双方都压抑了攻击性。

天天吵架，时时刻刻看见对方就像看见了仇人似的亲密关系也一定不是，因为他们之间往往只是在相互攻击和伤害，并不是在表达和沟通，时间久了心里就只剩下愤怒和仇恨了，已经没有了爱。

心中有不满后能够将这些不满连同其背后的真实感受全都表达出来，之后又能继续去爱的关系才是好的亲密关系。

会吵架，架才会越吵越少

会吵架的关键是，一定不能只表达愤怒，一味地攻击对方，而是一定要把愤怒背后的真实情感表达出来。在吵架的时候只要说的都是自己的真实感受，而不是在指责、否定、评价、批评对方等；是去连接对方的爱与柔软、感同身受的部分，而不是触碰对方内心的痛苦，往往就并不会伤害关系。

如果试过，你就会知道，充分的表达既能够释放情绪，又能促进互相理解，使关系变得更亲密，类似于我们说的"什么话说开就好了"。

这一点，我在和我爱人的关系中，也很有感触。看过我的《爱的五种能力》系列书籍的朋友都知道，我在其中第一本书的开篇就写道，我和爱人刚结婚的那几年，经常吵架。但之后吵架的次数越来越少，现在则很少吵了。

这里其实有一个重要的原因，就是我们会在吵架时或在吵完之后心情平复时把内心深处的感受都表达出来。甚至包括这些感受背后的创伤体验、儿时经历等等，如果想得起来，就都会表达出来。可以说，每一次吵架的过程，都是一个让我们更加了解彼此的机会，关系也得以越来越亲密。

关于这一点，我也曾经在一篇文章中总结为"用述情吵架，架会越吵越少"。

并且，不只是在我与爱人的关系里会有这样的体验，我和我的一个姐姐，曾经也在电话里吵过几次架，但也都是在吵过之后反而更加理解彼此，关系也更好了。因为在这个过程中，我也是尽量表达自己的感受，并倾听她的感受。

绝大多数人之间，如果在吵架时能充分表达出自己的感受（包括儿时经历的相似创伤体验），就都能通过吵架更加理解对方，进而改善关系。

在理解这些道理之前，人们的表达往往要么集中于评价对错，要么就只关注自己内心的痛苦和愤怒，却忽视对方的感受。而如果我们互相表达感受，并看到彼此的感受，我们也就会意识到对方其实和我们一样，有些时候会愤怒也只是因为心中痛苦或无助，想要保护自己或渴望得到我们的帮助而已。

充分表达，可以看见彼此。

此外，面对那些我们不愿意妥协的事情，或者我们感到被入侵的情景时，除了通过述情，很多时候我们也要靠前面提到的温和而坚定的拒绝来完成对恨的表达。

不拒绝，对方可能就不知道我们的真实感受和意愿，我们也就无法保护自己，更无法和别人建立长久的关系。而不温和，会使得拒绝变得生硬，甚至冰冷，这样就不容易被对方所接受，甚至还容易伤害关系。因此，温和而坚定的拒绝，不但可以保护自己的边界，而且在那些较近的关系中，还可以滋养到对方，让对方的边界感变得更强，更加意识到别人也是一个独立的人。

生活中，如果我们愿意试着去温和地表达恨，我们的内心也会更加有力量，与内心爱与柔软的部分也会保持紧密的连接。

不管是在亲密关系里，还是在亲戚、朋友、同事之间，面对对方向你提出的请求，你如果心里不情愿但又不拒绝的话，最后的结果可能就是你既压抑了自己，又会恨这个人。

这就成了"恨没表达，爱也没有了"。

第十二章

述情可以表达对他人的关心与理解

虽然本书只是讲述情的，但高质量的人际沟通一定是相互的，不能只是我们自己在表达感受，对方的感受也需要被聆听和理解。

这也是人际关系中最基本的原则之一，即双方的感受都需要被看到、被理解、被照顾到。只关注自己就会忽视他人，给人的感受是我们太自我；只关注别人就会忽视自己，给人的感受又变成了我们在讨好。

因此，在各种人际关系中，除了我们自己通过述情向他人表达我们的感受外，也一定会遇到别人向我们表达他们的感受，渴望得到我们的理解和关心的情景。这时如何让对方知道我们真的理解了他？又或者，如何向对方表达我们的理解与关心呢？

这其实就是如何共情的问题。共情的关键在于听完对方说的话后，可以把对方的感受说出来，甚至包括那些对方话里并没有明说，但实际上心里有的感受。这样对方就可以知道他是真的被我们理解了。当然，如果能够把对方自己都没有意识到的感受也说出来，可能还有滋养对方的作用，让对方感到自己被真切地关心和深深地理解了。

在日常的共情中，把对方感受说出来的过程，多少有一些像在替对方述情。

比如：

一个朋友对你说，他很无助的时候却没有人愿意帮助他一下。

你可以说："你觉得自己都那么无助了，他们都不愿意帮助你一下，这让你感觉很失望！"

或有人对你说，单位领导在一件事上冤枉了他。

你可以说："你本来没有做过的事情，领导却偏偏说是你做的，你感觉很委屈，是吗？"

或一个朋友生气地说自己工作已经很努力了，家人还说他不够上心。

你可以说："你已经很努力了，可他们却说你根本没上心，你感到很生气！"

又或者对方什么也没说，但你看到他最近多次叹气。

你可以说："看到你最近经常叹气，是不是遇到什么有压力的事情了？"

等等。

以上的回应，都是共情的做法。

但是，共情的方法却不只这一种。**述情，也是我们在共情他人时可以使用的方法。并且，通过表达自己的感受来表达对他人的理解，所带给对方的被理解的感觉往往也是非常深刻的。**

因为能够说出这些话，意味着我们不仅仅在理性上听明白了对方所说的内容，而且在感性层面上，也体会到了对方那一刻的感受，并有所触动。

通过述说自己的感受，表达对他人的理解

在关系比较近的人际交往中，当听对方说完一段伤心的事情，如果你也感到有一种悲伤，直接表达出自己的感受，既是述情，又是一种对对方的深深理解。

比如：

"听你说完，我心里感觉到一阵悲伤！"

"听你说完，我有一种想要哭的感觉！"

"听你说完，很心疼那时的你！"

这样的表达，也往往会让对方觉得亲切和温暖。

生活中，在听完别人说的事情后，即使看到了对方痛苦，很多人却依然喜欢评价。比如说"你这经历真的是够惨的！"或者甚至直接打断对方的情感流动："你也别太难过了，都会过去的！"虽然看起来是给对方鼓励，但实际上这样的回应并没有跟对方那一刻的感受连接起来，给对方的感觉其实是离对方的心更远了。

会这样回应，也许是因为觉得自己和对方没有那么近的关系，也许是害怕触及自己内心的痛苦，都是不想听对方说更多他的痛苦感受。如果情况是后者，其实是自己内心压抑着一些痛苦的感受，这样就可能听不了别人讲述内心的痛苦，因为听多了的话，自己压抑的感受就抑制不住了。这种情况下，我们可以先去探索和疗愈自己内心的痛苦。之后，当再面对身边的人讲述自己的痛苦时，感受

就可能有所不同了。

用述情进行共情，是跟对方的感受在一起

再比如听对方说完一段他担心的事情后，如果你也为对方感到担心的话，直接表达出来，也是一种对对方的理解："听你说完我也感到很为你担心！"

类似的例子可以有很多。

当对方说了一件令他恐惧的事情后，如果你听完也感到恐惧的话，可以将你的恐惧直接表达出来："听你说完，我也感觉到一阵恐惧！"

当听对方说完一件令他高兴的事情后，如果你也感到高兴，可以说："听你说完真的很为你高兴！"

当听对方说完一件令他难过的事情后，如果你也感到难过，可以说："听你说完，我心里挺难过的！"

类似这样的表达，既是述情又是共情，都有一种跟对方的感受在一起的感觉，会让对方感到真的被关心和理解了。

我儿时生活的环境中，很多人是不太讲感受的，大多是讲道理、论对错。但也有例外，我的长辈中就有一位经常说感受的老人，他说话让人感觉特别的温暖和亲切。每逢我们姐弟几人春节去看望他老人家，他基本都是一边拉着我们的手让我们赶快进屋取暖，一边还会说："这么冷的天，还跑这么远来看我，看把几个孩子给冻得，真是让人心疼！"

他说的"心疼"是他老人家自己的感受，但对于我们来讲，就

会感到被理解和关爱，心里瞬间升起一阵暖意。

这也可以算是述情在共情中的运用了，只不过他老人家是不懂得这些原理和名词的，但他却运用得好，因为他本身就是那样的人——一个温暖并善于表达感受的人。

第十三章

述情可以促进心理创伤的自愈

生活中我们不小心弄伤了皮肤，如果伤口不大的话，通常也不会刻意去治疗，顶多贴个创可贴，过一段时间，伤口自然就会愈合，这就是人体的自愈功能在起作用。

退一步讲，就算伤口严重到需要去医院包扎、缝针等，背后的原理也只是通过医疗手段介入的方式来辅助人体的自愈功能。伤口最终能够痊愈，依靠的还是人体的自愈能力。

就像人体有自我疗愈的功能一样，心理也有自我疗愈的功能，心理咨询与治疗也可以说，都是建立在人类心理本就具有的自愈功能之上的。而表达出自己的感受，就像包扎和缝合是人体自愈的重要辅助手段一样，是人心理层面自我疗愈功能得以实现的重要手段之一。

体验过精神动力取向心理咨询的人都知道，在咨询中咨询师说的话通常都很少，大部分的时候都是来访者在说，并且都是在咨询师的适度引导下述说自己的感受。而咨询师问得最多的，也往往就是"你的感受是什么？"或"可以多说说这个感受吗？"

也就是说，**意识到并表达出自己内心的感受本身就是心理咨询与治疗中解决人们的心理困惑并疗愈创伤的重要方法**。而很多心理困惑和创伤，本身就是人们内心的痛苦和冲动未被充分意识到或未得到充分表达的结果。严重的还会阻碍人们心理的发展、情绪的成熟、认知的正常化等。把内心的痛苦感受表达出来，就可以促进很多心理困惑的解决以及心理创伤的疗愈。

表达感受，可以促进走出过去

比如，在一些导致单身人士无法走进一段新的感情关系的原因中，有一种常见的原因是虽然之前的情感关系已经结束了，但他们并没有彻底走出来，心里往往还是痛苦的。针对这种情况，只要在咨询中让他们通过述说去充分地体验内心伤心和痛苦的感觉，其实就可以走出来。

我曾经有位女性来访者，她丈夫在他们刚结婚几年时就因病去世了。因为迷信，她的家人不允许她哭，也不允许她去送葬和祭奠，所以她想起丈夫时只能偷偷抹眼泪，也就是说她并没有为丈夫的去世进行过充分哀悼。几年之后她虽然觉得自己还很年轻应该再婚，但却怎么也提不起兴趣，心里有时还觉得老公并没有离开，只是活在另外一个地方。

为了能够走进新的情感关系，她走进了我的咨询室。咨询中，在我注意到她无法开始一段新的感情与丈夫的去世之间有关联后，我就请她多说说她丈夫以及她对丈夫的各种感受。之后的一段时间里，她经常在咨询中哭得很伤心。大约几个月后，在内心的痛苦被充分述说和表达之后，她的脸上开始出现了笑容，对再次进入亲密关系的兴趣也开始提升。之后又咨询了一段时间，在去给丈夫扫墓之后，她接受了他已经离开人世的事实，也基本完成了对丈夫离世的哀伤过程，并打算开启新的感情生活。

也就是说，人在失去亲人、失恋、离婚、自尊受损、失去健康等丧失事件发生之后，伤心、痛苦都是一种正常的情绪表达。很多时候，缺少对伤心感受的表达过程，或者因为自身人格的一些原因导致情绪不能顺利地表达出来，是可能会影响人们日后生活的，严重的则有抑郁的风险。

特别是在生活节奏越来越快的今天，因为工作、学习等原因，加上人们对哀伤本身的认识不够，就会导致人们在亲人离世后没有充分哀悼的情况发生。

我曾经听过多位学员说他们的爷爷奶奶或外公外婆去世时，父母因为担心影响他们学习，根本就没有告诉他们这个消息，导致他们并没有真正和爷爷奶奶或外公外婆告别，以至于他们总觉得已经去世的爷爷奶奶或外公外婆并没有离开，好像还活在人世。如果他们跟老人的感情很深的话，这对他们接受丧失并完成哀悼都有着一定程度的影响，也会增加他们抑郁的可能。

也有一些人，在经历了失恋、离婚等事件后，内心的痛苦没有真正释放，虽然可能并不至于无法走进一段新的情感关系，但会影响他们在后续情感关系中的体验。特别是现在结婚年龄的推迟，使得人们一生中可能会经历多段情感关系。前面任何一段未充分哀悼的情感关系，都可能会影响人们在后续情感关系中的内心感受。

我有一个朋友，多年来都喜欢听伤感的歌曲，他自己对此并没觉得有什么问题。直到一次同学聚会之后，他见到了当年自己的初恋，发现现在的对方已经和他当年喜欢的样子相差甚远，虽然现在的自己已经不可能再会对她感兴趣，但心里却开始感到莫名的伤心。

之后几个月的时间里，他经常想找人述说当年的事情，闲暇时也总是要反复听一首伤感的情歌，并且总有一种想哭的感觉。这样过了一段时间之后，有一天他忽然发现自己不再喜欢听那首歌曲了，包括之前常听的那些伤感的音乐也不再有兴趣了，也不想找人说这件事了，刻意回忆起来也没有伤心的感觉了。这个时候，他发现他对自己现在所拥有的情感关系也更加珍惜与热爱了。

他对自己的这个经历很好奇，分享给我后我对他说，当年分手时他并没有好好地哀悼，内心深处一直有隐隐的伤感，所以会喜欢听伤感的歌曲，因为那些歌曲共鸣了他内在的感受。多年以后的同学聚会上再次见到对方，唤醒了他当年分手时心里的伤痛感。当他找人述说，包括反复听那首情歌，还有莫名地哭泣，都是在再次经历这个伤心的过程之后，完成对那段感情的哀悼过程。

这时，他才意识到虽然分手多年了，但当年的那段感情在很长一段时间里都没有真正过去。

这里其实涉及了一个重要的概念，即丧失之后如果存在未完成的哀伤，我们的爱与期待就还有一部分存于那段丧失中。具体到情感关系里，也就没有办法用全部的身心重新开始去爱。如果完成了哀悼过程，爱与期待被收回了，就可以全部重新指向新的对象，也就可以重新全情去爱了。

而表达出那些痛苦感受，就是完成哀悼的过程，就是收回那些爱与期待的过程。

表达感受，可以克服恐惧

有一些人存在攻击性压抑的情况，缺少力量感和对生活的热爱，人际中也容易去讨好别人，前面说过，这往往是内心的攻击性因为恐惧被报复、被惩罚、被抛弃等而被压抑起来，之后转向自己的结果。只要充分地去体验那些恐惧，恐惧就可以被穿越。当不再恐惧时，攻击性自然也就出来了，力量感和对生活的热爱也会出来。

我遇到过几位接受过心理咨询的学员，他们在咨询前都多多少少存在着攻击性压抑的情况，也都有不同程度的讨好倾向，而他们的这种状态基本都跟对父亲的恐惧有一定的关系。他们几乎都觉得自己的父亲发脾气的样子是很吓人的，从小就很害怕父亲会打自己。因此，他们不敢跟父亲有任何对抗，因为一旦对抗就会产生好像马上就要被往死里打一顿的恐惧感。

生活中他们也都有些恐惧权威，人际中一旦要拒绝别人或表达不满就会有所害怕，这往往会带给他们人际交往以及建立和维系亲密关系方面的困惑，而正是这些困惑使得他们想要走进咨询室，探索自己的内心。

在咨询中，咨询师让他们充分地表达对于父亲和权威的恐惧，或发生冲突时的感受，也就是描述在之前所发生的一些事情中，他们的内心和身体都有些什么具体的感受，越详细越好。随着咨询的进展，他们内心的恐惧也会随着相关的表达逐渐减少，与此同时，他们的力量感会逐渐增加。然后他们变得鲜活起来，对权威的恐惧开始减轻，在人际交往或亲密关系中也更能坚持和表达自己，拒绝别人和表达不满的时候也不再那么害怕了。

在咨询的过程中，不管是对哀伤的处理，还是对恐惧的克服，都需要让来访者谈论这些感受。这是不是很像咨询师在引导来访者述情？

没错，咨询师就是在引导他们述情，让他们表达出自己内心的感受，这也正是心理咨询为什么仅仅是谈话就可以起作用的重要原因。在人们表达出内心痛苦感受的时候，人心理的自愈功能就在起着作用。**表达本身就是哀悼、克服、体验、宣泄情绪以及释放内心冲动的过程。**

弗洛伊德当年也正是从一个叫安娜·欧的病人那里得到启发，意识到自由地表达内心感受和冲动的重要性，从而发明了"自由联想"这个谈话治疗的方法，进而开创了精神分析这门学科，并将谈话治疗描述为精神分析的基本方法。

那个遇到初恋之后开始伤心的朋友，虽然没有做咨询，但他到处找人述说的过程，其实也是述情的过程。这使得他可以完成对那段感情的哀悼，并最终走出来。

只不过，与日常生活中的述情不同的是，咨询中人们表达出来的感受，通常是那些已经被防御在内心的感受。人们平时不一定意识得到，或者就算意识到了，也因为无法承受而不自觉地对其进行回避。

有的时候，就算他们愿意在生活中表达，也可能没有人愿意倾听，或即便有人听，但听的人也没有能力理解和接纳他们这么多痛苦感受。

比如类似因性幻想而导致的痛苦或不具有现实基础的恐惧等情

感，要么难以启齿，要么难以被人理解和接纳。因此，像这样的情况往往需要专业人士的帮助。因为专业人士可以识别他们的防御，并且会耐心聆听他们对于痛苦的述说，且往往可以理解和接纳他们内心的各种痛苦和冲动。

表达感受，可以减少心理创伤的发生

在日常生活中，一些没有被防御得那么深的感受或者对近期刚刚发生的事情的感受，在一段安全的关系里且对方愿意听的情况下，如果我们愿意把它们表达出来，不但可以疗愈自己内心的一些创伤，还可以降低当下的痛苦感受被防御起来形成新的创伤的可能性。

人内心的创伤，有些时候就是因为发生的一些事情带给我们的痛苦太强烈了，以至于当时无法承受所导致的。如果当时可以找人诉说，痛苦就被聆听者分担了一部分，那样的话即使是不可承受的也有可能就变成可承受的了。这也是为什么当一些重大灾难发生时，经历者往往需要接受心理疏导。

在经历了可怕的事情之后，人们当时的痛苦和恐惧都很强烈，及时的心理疏导和支持，本身就可以降低人们被创伤的可能性。而我们之所以在成长过程中会有心理创伤，也往往与养育者当时没有及时关注我们内心的痛苦有关。当然也有些时候，痛苦本身就是养育者造成的，比如被养育者忽视、入侵、甚至暴力对待等。

每个人的内心深处都可能会有一些痛苦被防御着，也都是因为痛苦超出了自身的承受能力，而当时并没有人给予及时的安慰和理解，或那时得到的安慰和理解的质或量不足以使痛苦变得可以承受而造成的。

当前生活中发生的一些事情，有时会唤起这些内心深处的感受。这个时候，如果我们可以意识到或刻意去觉察，并且在合适的关系里把觉察到的内心深层感受表达出来，就不但容易被对方理解，还可能会疗愈自己。

我有一个学员，因为要不要让来京旅游的亲戚住到家里而和妻子发生争吵。之后修复关系时，他告诉妻子，拒绝亲戚住在家里会让他想到儿时去亲戚家里自己所遭到的白眼，说到这里他感到伤心，哭了出来。之后，妻子也理解了他，而他居然也可以接受让亲戚住宾馆了。

在这个过程中，他通过向妻子述情，创造了一次对儿时痛苦再体验的过程，也是一次哀悼过程。之后，他对于这样的事情就没有那么介意了。他对妻子表达自己儿时的感受所带来的疗愈效果可以说是非常明显和有效的。当然，前提是他的妻子在那一刻理解了他。但会有这样的效果，也跟他没有和妻子继续争吵、讲理，而是表达出自己内心深处的感受有关系。

生活中，如果我们内心有一些痛苦感受，这些感受很多时候都不是当下第一次出现的。比如被人否定后觉得委屈的人，从小到大可能经常会感到委屈；对权威恐惧的人，从小往往就是对父亲或母亲有一定恐惧的。

在人际沟通中，如果可以通过眼前的感受联想到儿时的感受，并在安全的关系里将其表达出来，往往也是有疗愈效果的。因为在安全的关系里，对方往往会关心我们的感受，愿意聆听和理解我们，比如爱人、兄弟姐妹、好朋友等。

表达感受，可以让潜意识里的情绪被意识到

人的很多感受并不在我们的意识里，有的被压抑着，有的弥散在内心世界，其实都是在潜意识里。我们如果对带来这些感受的事情进行表达的话，一些以往没有意识到的情绪便会浮现出来；或者那些本来弥散着的情绪在表达中忽然就聚集起来被你感知到，变得清晰了。就像房间里飘浮着的灰尘，平时看不见，阳光一照就可以看见了，或者用空气净化器过滤、收集之后，才知道原来有那么多。

经常有人在聊天中会说，我一直有一种感觉但不清晰，今天忽然清晰了。其实就是弥散着的感觉忽然被看到了，进而变得清晰了。我曾经在跟我姐姐的一次通话中，聊到儿时的一件事时哭了起来，才意识到这件事带给我的真实感受原来是很委屈，而实际上以前也经常想到这件事，但并没有什么感觉。这就是被压抑的情绪通过述说被意识到了，而这样的表达就会有疗愈的效果。

很多人在聊到过去经历的一些痛苦的事情时，常常会伤心流泪，这个过程对于他们来说是有帮助的。遗憾的是，不少人不能接受自己的伤心和眼泪。往往是快要流泪时，马上就会主动结束这个话题，说的往往也是"不说了，都过去了"。**其实提起过去还会流泪，说明事情虽然过去了，但感受并未过去。只有把这些感受都说出来，事情才算真的过去了。**

很多人在遇到有人谈到伤心的往事，或对某人的愤恨时，也往往会制止他们情感的自由表达。比如会对他们说"都过去了，不再

说了"，或者"你这算什么，我以前比你还痛苦"等。

在我的长辈当中，我发现就有这样的现象。当他们说到一些过去的苦难想要流泪时，就会说："不说了，都过去了！"学了心理学后，我就会告诉他们，只有说出来，才会真的过去。这时他们往往也会更愿意表达，并有更多感受被释放出来。

还有些人在与人沟通时，说到自己的一些痛苦感受，要么就直接跳过，要么用"这个、那个"等词语代替。比如，"我朋友又说我，我感觉很那个，就不想理他了"。这样就回避了自己的情绪，也影响了自愈的发生。如果他们可以在说话时直接表达出那些情绪，对他们的自我疗愈就可能会有帮助。

对于人内心的创伤，心理专业人士可以帮助疗愈很多，但也不是所有的疗愈都只能发生在这种专业工作中。看电影、读小说、听音乐、画画、聊天等，当我们内心深处的痛苦感受被触动后能够被表达、理解、接纳，就都会有疗愈的效果。

其中，向信任的人述说自己内心的感受，是非常重要的一个自我疗愈的途径。因此，如果内心有痛苦感受，在安全的环境中，也就是有人可以聆听，并可以理解和接纳时，把感受说出来对自己的心理健康是有好处的。也许是文化方面的原因，女人在这方面通常要比男人更容易表达出来，因此女人的自愈能力往往会更强一些。

生活中很多人也都倾向于认为，一个人的性格外向一些要比内向一些更好。外向的人具有容易向别人敞开内心、表达感受的特点，所以他们的自愈能力可能就会强一些。而内向的人，因为较少向人表达，痛苦就可能会压抑在内心，自愈的能力就会相对弱一些。

这其实也意味着，生活中，我们至少要有几位可以说说知心话的人。如果缺少了这样的人，我们内心的痛苦就只能自己独自承受，而无处述说，自愈的能力也会因此受到影响。

也可以说，愿意聆听、理解、接纳我们的人，是可以治愈和滋养我们的。而提升我们自己述情的能力，也是提升我们自己心理自愈的能力。

表达感受，可以增强现实感

有过爬树经验的人都知道，爬树这件事是上去容易下来难的。上去时手抱着树，腿夹着树用力爬就是了，过程中还可以抓住较低处的树枝借力。但是下来时，不但可能会磨破衣服或肚皮，还很容易因为脸对着树而看不到地面，从而对自己离地还有多远判断失误。如果自己想象离地面的距离已经很近了，但实际上还很高的话，直接松手跳下来，就很容易崴脚。如果自己想象离地面还有很远，但实际已经快到地面了，还容易直接跪在地上。这个时候，如果旁边有一个人可以告诉你实际离地的距离还有多远，那你心里就会有数，也就不容易崴脚或跪在地上了。

此时旁边的这个人起到的作用就是向我们提供现实感，帮助我们与客观世界的距离变得更近，避免我们一直局限在自己的主观世界里。

而生活中，我们一开始都生活在自己的主观世界里。在生命的早期，我们都会觉得自己是世界的主宰，是全能的，世界是围着自己转的。早年的生活经历所带来的对世界的认识和体验也往往会被我们当作世界本来的样子，而这明显与客观现实很不一致。

可以说我们儿时的现实感其实都不够好，这也与我们那时本身就弱小无助有关系，但如果长大后没有被修正，就会影响到我们的生活。比如儿时不被喜欢的人，长大后即便自己已经非常优秀，有些人也还是会觉得自己是不好的。

早年的生活体验，似乎给我们提供了一个关于世界和关于自己的原型。如果未来不加以修正的话，我们就可能会一直活在这样的早期原型之中，导致现实感差。

无论是在生活中，还是在这些年的工作中，我都能感受到有的人总觉得世界充满险恶，他们在与他人的互动中也从来不敢表达自己的任何不满与愤怒，经常担心自己不小心得罪了别人，然后就会被报复。因此，他们在生活中受了欺负也只是默默忍受，或者极力避免与他人接触和互动，回避人际交往，他们几乎只与家人、亲戚、同事等不得不接触的人交往。

我有时会问他们，在他们的想象中，万一得罪了别人会被怎么报复呢？有的人就会告诉我，他担心对方攻击他、伤害他。那感觉就好像世界上到处都是那种动不动就会攻击人、伤害人的人。但了解他们的原生家庭，就会发现，要么是他们的父母经常告诉他们外面的世界有多险恶，要么他们的父母本身就是那种动不动就会因为暴怒而打人或砸东西的人。总之，他们从父母那里听到或感受到的世界就是充满险恶和暴力的，走出去之后，就会认为外面的世界也是如此。

与此相反，生活中也有一些人对其他人都不怎么设防，这样很容易使他们把自己置于危险之中，比如容易上当受骗等。很明显，他们心中的世界要比真实的世界美好得多。

不管是前者觉得世界太险恶，还是后者觉得世界太美好，其实都偏离了真实世界本来的样子。每个人的内心世界都带有自己的主观色彩，都不是客观的真实世界，真可谓一人一世界。当然，除了我们儿时的体验之外，我们的想象力在这个过程中也起了很大的作用。我们对很多没有接触过的事物的认识，都只是我们的想象而已，而想象就可能会离现实很远。

对于别人是怎样的人，如果不熟悉的话，就容易根据我们早年的认知和想象进行判断。而这种认知和想象有一个特点，即自己内心弱时就容易把别人想象得过于强，那些容易把别人想象得比较厉害和完美的人，往往是因为自己的内心太弱小无力；而内心觉得自己强时又容易把别人想象得过于弱，比如那些自大的人，不过他们只是以为自己强，但往往并不是真的强。

在我们慢慢从父母的怀抱里走向外部世界的过程中，我们会逐渐接触到客观世界并认识到真实的自己，现实感也会不断增强，离客观的世界和真实的自己会越来越接近。这其实就是我们常说的见识、阅历、经验在起作用。还有我们常说的教训，本身也在起着这样的作用。比如，原本以为自己可以跳过一个沟，结果掉沟里了；原本以为自己可以一口气跑完5公里，结果伤了膝盖；原本以为可以从股票市场赚到钱，结果血本无归。所以正是教训增强了我们的现实感。

同时，在成长的过程中，我们也需要有人把客观世界带给我们，以此来增强我们的现实感。在儿时，我们说一些话或做一些事，可能并不知道会带来什么后果，或带给别人什么感受。此时如果有人可以告诉我们，我们就可能会知道。

日常生活中，我们与人的交流、看电视、学习、上网、阅读等，也都可以一定程度上修正我们内心的想象和客观现实之间的偏差，起到增强现实感的作用。

是否具有现实感，具体到人际关系来说，就是我们以为的他人的某些特点、想法、感受以及对我们的态度等到底是真实存在的，还是只是我们内心某些感受的投射。这就需要我们多交流，多把自己的内心感受表达出来，也就会有更多机会得到他人的反馈，进而让自己的内在世界得到修正，与真实的世界更加接近。

在心理咨询中，经常会有来访者在稍微向咨询师表达一些他们内心的真实感受，通常也就是一点点不满后，就担心咨询师会生气，不给他做咨询了。有经验的咨询师有时会直接说："看起来你想象中的我是很脆弱的，就像你的父母一样。"或者有些来访者稍微说一点自己内心的真实感受、欲望或想法，就担心咨询师不喜欢他了。咨询师们也经常会说："好像在你的想象中，你只有完美才会被别人喜欢。"

咨询师们的这些做法，可以帮助他们增强现实感。但这都建立在来访者向咨询师表达了他们的感受之上。很多时候我们内在的感受如果不表达出来，别人就没机会帮助我们增强现实感，这也是为什么咨询师那么关注来访者内心感受的原因之一。

夫妻之间、朋友之间等，如果平时可以多向对方表达自己的感受，不管这些感受与对方是否有关系，都给了对方一个帮我们增强现实感的机会。比如在遇到害怕的事情时，向对方表达后，对方说没有那么严重，不用那么害怕，这虽然只是一种安慰，但这种安慰实际上也起到了增强现实感的作用。

前面我们说过外向的人有更好的自愈能力，其实从现实感这个角度看，外向的人因为善于表达内心的感受和想法，也自然就得到了更多的被他人修正内心想象的机会，现实感也就可能会更强。而内向的人，因为不经常跟别人沟通，或者沟通了也不会更多地表达自己的感受，就相对容易活在自己的想象里。

　　前面我提到的那种觉得世界过于险恶的人，因为对外界感到恐惧，所以他们往往也没有什么朋友，这样就缺少了和他人的交流，也就没有那么多机会了解到真实的世界。而当他们有机缘接受了专业的心理帮助并有了一些成长后，往往就会更愿意交朋友或参加一些社交活动。在这些社交活动中，他们的主观世界自然就会随着与他人的交流而逐渐得到修正，现实感也会更强。

　　我们也可以想象一下，那些被刚认识的陌生人骗了的人，在有通信设备的前提下，如果能和亲近的人有所沟通，说一下自己遇到了什么事，接下来想要做什么，就有可能多一份防范之心，甚至识破骗局。也就是说，通过他人有可能会修正一些我们对世界的认知，增强一些现实感，也就很有可能避免之后的遭遇。

　　述情，可以帮助我们打破自己和世界之间隔着的彩色玻璃。只有这样，才有机会看到世界真实的样子。

第五部分

述情的方法与练习

前面我介绍了述情的功能、必要性及述情这种能力背后的心理学原理等，下面我要开始向大家介绍述情的具体方法以及一些练习了。

在课堂上，每当我讲完述情的方法并让大家练习时，通常都会遇到有同学道理听明白了，但就是难以真正地做到。这可能跟他们与自己的感受没有好的连接有关，也可能跟他们并不能熟练地命名自己的每种感受有关，更可能跟他们还不习惯述情这种表达方式有关。多数人都习惯在道理频道里沟通，从小就缺少可以学习和练习述情的环境。

即便是和自己的感受有连接，并且也可以为每种感受命名，现在要改变原来的说话方式，重新学习一种新的表达，肯定也需要一个习惯的过程。当然，不只是述情，任何能力几乎都是明白起来容易，真正做起来又是另一回事儿。比如开车、游泳、跳舞等，都需要反复练习才能熟练掌握。

并且，如果你真的开始练习，你可能很快就会发现，在最初的一段时间里，说话都要在心里打打草稿，并不一定能做到想说什么马上就可以说出来。这个过程，被我的学员们称为"失语期"，意思是就像失去了语言能力一样。如果你也出现了"失语期"，我想这首先说明了你有在努力地练习述情这种表达方式。

此外，你可能还会觉得不好意思，因为的确有很多人对于袒露内心感受存在着羞耻感，担心别人会嘲笑我们。现在常常能看到爱人、朋友，甚至刚认识的人之间说"我爱你""亲爱的"等话语，可就在20世纪，即便是爱人之间，也会觉得不好意思。这说明只要说多了，大家习惯了，自然就不会不好意思了。

这既是一个从不习惯到习惯的过程，也是我们克服恐惧与羞耻的过程。那些我们害怕的、恐惧的，被否定、被嘲笑的记忆和体验在这个练习的过程中，也会被逐渐地克服、脱敏，并被新的体验替换掉。

在大脑的神经连接层面上，练习的过程，也是神经元与神经元之间形成新的网路的过程。这也是我们在学习任何新技能时，大脑的神经生理层面都会经历的变化过程。比如学习开车，当我们在一遍遍练习时，我们的大脑中就有相应的神经元在形成新的神经连接，当新的神经连接形成后，开车就变成了一件不需要思考的事了。

述情也一样，当大脑中相应的神经连接形成后，就会变成一件自然而然的事。到那时再述情就不会有任何困难感了，就像那些已经熟练掌握驾驶技能的人开车时，都是下意识动作一样。并且，一旦你有了述情的习惯，你的孩子必然也会受到你的影响，他/她自然而然就生活在一个述情的环境当中，而他/她的述情能力，就会像是一种天生的能力了。

这样看来，虽然只是我们在练习述情，但被改变的却不仅仅是我们自己。

第十四章

述情的两个基本原则

述情虽然是人际关系中一种非常重要的表达方式，但也并非在所有的人际关系或场合中，我们都需要述情。并且虽然同样是述情，在不同的关系中，因为亲密程度不一样，我们述情时所表达的内容也会有所差别。

也就是说，面对不同的人，我们的自我袒露程度是不同的。

归纳起来，也就形成了述情的两个基本原则：

原则一：关系的远近，决定了述情的必要性

整体来说，关系越近的人越在乎我们的感受，我们在沟通时述情的必要性也就越大一些。

比如我们与爱人、孩子、父母、兄弟姐妹、好朋友等人之间的亲密度都是非常高的，对他们述情的必要性就相对要大一些。而像陌生人，或者仅仅只有一面之缘的人，因为他们并不一定会在意你

的感受，所以对他们述情的必要性就相对要小一些。

打个比方，在马路上被人蹭到了车，我们往往是看谁的责任多、谁的责任少，要在道理频道里讲理，讲交通法规。而你对自己车的心疼，就不一定有必要讲出来了，因为对方也未必在意，对方在意的往往都是他自己责任的大小。

当然，这种时候只是述情的必要性小些，也并非一定不能述情。假如蹭车时你的责任多一些，有时说出你着急赶时间或一时疏忽背后的原因，会更容易被对方理解。如果是对方的责任多些或对方全责，而你又是刚买的新车，很心疼自己车的话，那表达出你内心的感受，在私下协商赔偿时，你提出的条件也更能被对方接受。

而在亲密关系中，我们就几乎很少需要讲理了，基本都是需要讲感受的。爱人之间之所以能够在一起，也不是因为互相讲道理讲得好，通常都是因为彼此喜欢，在一起的感觉好等感性因素。像休息的时候要干什么，晚餐吃什么，睡觉时什么姿势，都没有绝对的对错标准，主要还是看彼此的喜欢程度和舒服程度。

具体来说，如果我们把人际关系按照亲密程度来分类，大致可以分为五类。五类人际关系亲密程度不同，每个人在这五类关系中被在乎的程度不同，述情的必要性也就不同：

第一类是核心关系：

主要是我们的爱人、孩子、父母等最亲近的家人。在与他们的关系中，我们基本上不需要掩盖太多自己内心的感受，直接表达出来即可，也容易被接受和理解。因为他们都是我们最亲最爱的人，也是最在乎我们的人，在与他们的关系中我们每个人述情的必要性

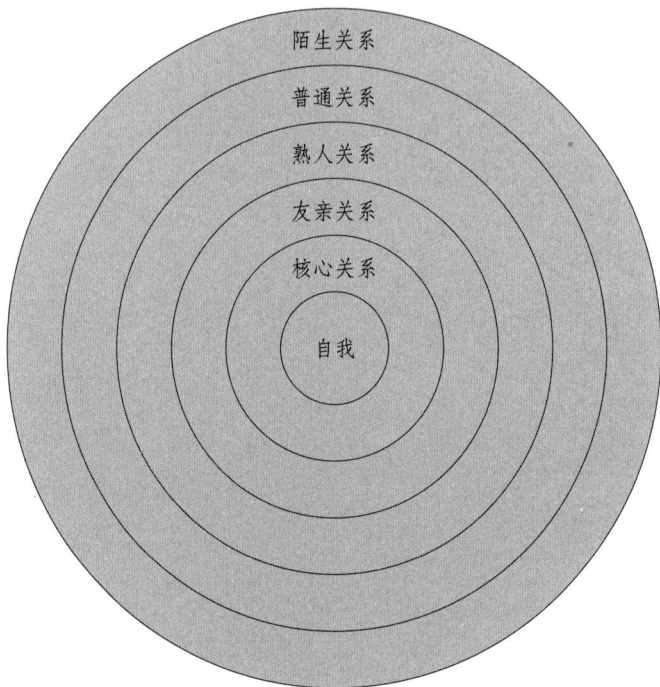

图 9：人际关系的层次

最大。

　　不过也不能否认，他们的承受能力和理解能力未必很强，因此在对他们述情时，也要根据具体情况有所调整。

　　比如爱人就几乎是可以无话不谈的人，很少有不可以交流的感受。但孩子，主要是指未成年的子女，就不适合说太多我们的负面感受，特别是自己情感关系中的困惑和痛苦，以及工作中的压力。因为他们还是孩子，还需要我们的呵护，需要我们帮助他们承受他们内心承受不了的情绪。过多地把我们承受不了的情绪抛给他们，就可能会造成他们的创伤，导致他们以后把情感关系或工作中的困难想象得过大，从而对其产生畏惧。此外，还有年迈的父母，他们承受压力的能力也可能会很有限，因此也不是所有事情都需要跟他们说的。

第二类关系，我把它称为友亲关系：

主要是我们关系最好的朋友和一些关系亲密的亲人、亲戚。他们也是在乎我们感受的人，所以述情的必要性也很大。与他们之间的沟通也主要以述情为主，但可能并不需要像与核心关系中的家人一样，袒露得那么多。

当然，也有例外。对于一些家人不能起到情绪支持作用的人而言，跟朋友无话不说，则弥补了家人情绪支持的不足。又或者亲戚中有人比爱人、父母更能理解我们、更有力量，那对他们的袒露也许也会比对核心家庭成员更多。因此，也会存在一些核心关系中的人反而是朋友、亲戚，而不是最亲近的家人的情况。

第三类是熟人关系：

这通常是我们接触过多次的人，相互之间算是熟悉，但并没什么太深的感情。他们可能会给我们面子，但也并不一定会太在意我们的感受，所以述情的必要性就更低一些，需要的袒露程度也会更少一些。比如很多同事间的关系，都是见面打招呼或偶尔工作上有些互动而已，实际上并没有什么交情。

第四类是普通关系：

通常是仅仅相互认识的人，或者见过面，但可能并没有什么交往，也没有感情。对这类人也可以述情，但必要性较低。

比如住在一个小区的邻居，一般只是知道对方住得近，大概住哪栋楼哪个单元，但并不知道彼此是谁、做什么工作。万一需要与他们沟通，我们需要袒露的就很少。当然，如果因为经常一起带孩子在院里玩儿等原因让关系变得很近了，相互之间也很熟悉，那其实就变成了朋友关系。

第五类是陌生关系：

这是我们完全不认识的陌生人。如果需要发生一些交互，我们更多需要的是讲道理，而不是述情。但述情也并非不可以，就像前文所述，有时为了获得对方的理解也有必要做适当的述情。

以上五类关系以自己为核心，向外呈辐射状逐步扩散。越是靠近自己的关系，述情的必要性越大；越是离自己远的关系，述情的必要性就越小。

在想要和人拉近关系时更多地述情，在想要和人保持距离时避免暴露过多的个人感受及日常生活、工作中的细节。这就是我们常说的人际中的边界感，是一个人人都需要掌握的微妙的度。在实际的生活中，如果你是一个人际关系边界清晰的人，并且也很擅长述情的话，其实也并不需要一遇到事情就在脑子里思考对方是你的哪类人际关系，然后再去想有没有必要述情，而是自然就会觉得有些关系是适合述情的，而有些关系就不适合。

但是，如果你对所有的关系都不述情，你可能就需要看看自己到底是因为什么。是跟自己的很多感受连不上？是不知道如何为自己的各种感受命名？是因为不好意思？还是有别的什么原因？

或者你会对所有的关系不加区别地进行述情，这也需要觉察自己是否存在人际边界不清晰的情况，是否搞不清楚不同人际关系间的远近亲疏。

又或者是因为自己的内心太痛苦了，以至根本就承受不了，所以经常不管对方是谁，抓住一个人就想赶快向对方倾诉一些？如果是这样的话，那也许需要考虑寻求专业的帮助。

原则二：关系的远近，决定了感受词的颗粒度

人际关系中，一般情况下，我们的内心袒露本身就遵循着关系越近袒露越多这个基本规律。

比如因为孩子上学路远，你想要给孩子买辆自行车。在不同的关系中，所表达的内容的详细程度就肯定是有一定差异的。

跟自己的爱人、父母等核心关系中的人，你可能会说："孩子每天上学本身就已经很累了，来回还要走几十分钟，现在也已经大了，骑自行车上学的话，安全应该也没有问题了，我想给孩子买辆自行车。"

但如果只是遇到了友亲关系中的人，你可能就只是说："孩子上学路远，我去给孩子买辆自行车。"

如果是熟人关系，就变成了："我去买辆自行车！"

普通关系中的人如果见面打招呼的话，一般也就只是对方说"出去啊！"，我们回应说"去办点事！"

而对于陌生人，则顶多是在对方挡了路的情况下，我们说句："劳驾！让一下路！"

同样的道理，在不同的关系中，我们述情时所表达的内容也肯定要有所不同。这种不同除了像上面的例子中那样，对事情的细节袒露得越来越不具体以外，如果都是需要表达感受的情况，那么所使用的感受词即便是意思相同，具体化程度也会有所不同。

具体来说，就是关系越近，所使用的感受词的颗粒度越小；关系越远，所使用的感受词颗粒度越大。这里所说的颗粒度，就像是石头，有大的也有小的。大的颗粒度大，小的颗粒度小，大的可以再细分成小的，所以也就包含了小的。

比如，伤心、委屈、内疚等词，就都是比较具体的感受词，属于颗粒度小的；而不舒服、难过等词，则比较笼统，属于颗粒度比

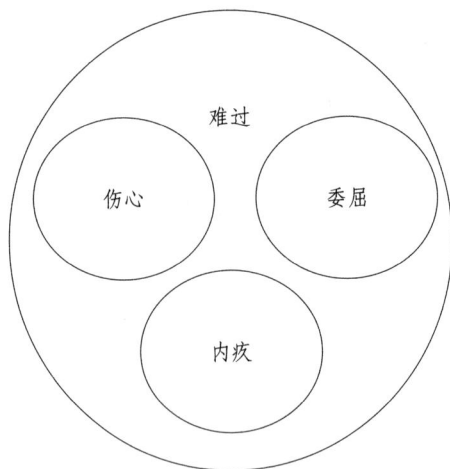

图10：颗粒度大的感受词包含了颗粒度小的

较大的。所以后者通常也包含了前者。

也就是说，假设同样是失恋了需要找人述说，或需要和别人提这件事，在近一些的关系中，可以说："我很伤心！"；远一点的关系里，就可能只是说："我心里有点难过！"；再远可能就变成了："我今天心情不好。"——这句话里已经没有了具体的感受词，而是统称为"心情"二字了。

这里使用的感受词颗粒度的大小，就决定了袒露程度的多少，而这是要由关系的远近决定的。

第十五章

述情的两个基本功

人类能够掌握的所有复杂的能力，都需要一些基础能力作为支撑，我们常把这些称为基本功。比如武术的基础能力是力量、速度、柔韧性等；烹饪的基本能力是切菜、翻锅、火候的掌握等。述情也需要基础能力，主要包括以下两项：

说话时尽量表达事实

有句话叫事实胜于雄辩，说的就是事实本身的力量。在述情时，尽量表达事实，述情也会更加有力量，也能使对方更加容易理解我们。比如在亲密关系中，跟对方说"你从来都不关心我"，一般都不是事实，而是一种强调或夸大。

生活中，很多人说话时喜欢用"从来""总是""一直""绝对"等词来强调或夸大自己所说的话。这就使得自己表达的内容远离了事实，也很容易引起听者的防御和反驳，结果往往是我们所表达的内容没有机会被对方真正理解。

譬如你生病了，身体有些不舒服，对方却没有过问你是否好些了，你心里感觉委屈、失望。但当你说对方从来都没有关心过你时，对方就有可能说："我怎么就从来不关心你了，不就是你这次生病我没有问你情况怎么样吗，以前不也都会问你吗？"这样的话，你本来希望得到的是关心，结果得到的却是反驳甚至有被指责的感觉，反而像你做错了事。

但如果你说："我都生病三天了，你也没问一下我情况怎么样了……"这样效果可能马上就不一样了。因为这样的语言中没有强调或夸大，对方也就没有什么好反驳的。这种情况下，可能你只是说了事实，还没有说更多你的感受，对方就已经可以理解了，甚至还可能会有内疚感。

人们说话的时候，之所以喜欢强调和夸大，往往因为内心感觉自己没有力量，对人的影响力是有限的，也就会不自觉地通过强调、夸大等方式来为自己的语言增加力量，就像自卑的人反而容易自大一样。但所说的毕竟不是事实，这样加力后的语言往往反而更没有力量了。因此，如果我们想要在述情时能够容易被对方理解和接受，就要尽量避免夸大，直接使用那些可以更加清楚地描述事实的语言。

当然，这就需要我们对此有所觉察，并且觉察之后的改变也需要一个过程。有些时候，即便你知道自己说话时习惯夸大，也很难马上调整好，因为你如果内心力量还是不够的话，就还是会不自觉地这样做。这种情况下，可以在有了察觉之后，有意识地告诉自己不去夸大和强调，而是尽量说事实。每一次这样做，其实就是和自己内心的无力感做了一次接触，这样反复多次直接面对自己内心的无力感，就会增加内心的力量感。

人内心的恐惧、无助、害羞等都是需要通过这样的方式来克服的。**生活中，当我们主动去做一些以前做不到或不自觉回避的事情，就会让自己有所成长，并且这本来也是我们成长的主要方式之一。**

在心理咨询中，有些时候咨询师所能起到的作用，也正是帮助我们看到我们不愿意做或不自觉回避的事情。要想真正解决问题，最终还是需要我们自己去面对，因为咨询师毕竟无法代替我们去生活。

回到述情时要表达事实的这个话题。**通常情况下，带有数字的语言，往往都是更加接近事实的。**

比如：

"这周你迟到了三天。"

"我们在一起五年，有三年你都忘了我的生日。"

"这件事我已经说了两次了。"

等等。

有些时候，只是把这些数字说出来，对方就大概知道你的感受了。

另一种容易让我们远离事实的语言，就是我们所表达出的是我们的猜测，而不是事实。

比如看到孩子在看手机，我们就说"你怎么又在玩手机了"。但万一孩子不是在玩手机，而是在查学习资料，这样的猜测就可能让孩子感到委屈。

这其实关系到我们保持客观的能力，也就是前面提到过的现实感。通常来讲，**心理发育水平越高的人，看问题越客观，现实感越强；心理发育水平越低的人，越容易把自己内心的投射当作外部世界的真实，现实感也就越差。**

很多接受过系统心理咨询的人在咨询了一段时间后会意识到"原来我以为的东西有一些是我自己想象出来的"。这其实说明他们在接受咨询后的现实感增强了，可以意识到他们之前认为外部存在的很多事物其实都是自己内心的投射了。

生活中投射最严重的人，当然是患有精神分裂症的病人。他们看谁都觉得是想要迫害自己的人，而这实际是他们内心对被迫害的恐惧的一种投射。

那些虽然不是精神病人，但心理发育有一定缺失的人，也往往会将自己的敌意、恐惧、无助等投射出去，觉得是别人对自己有敌意、别人会报复自己，或别人很强大很完美等，这些其实都是他们自己内心的东西。

有人经常在情感关系里重复同一个模式，比如在初遇一个人还并不了解时就觉得对方很完美，然后奋不顾身地投入到和对方的感情中，等过了一段时间，对方偶尔没有满足他们，他们就又觉得对方实在太糟糕了，最终选择了分手。普通的人际关系中也存在这样的现象。当初觉得对方很完美，其实是自己的投射在起作用，后来又觉得对方很糟糕，也是投射在起作用。

这涉及了潜意识里的很多东西，往往需要寻求专业的帮助来解决。而我们当中的很多人，可能就只需要在日常生活中注意观察和内省，看看自己认为的东西到底是自己认为的，还是事实。就像前面我们说的那些看见孩子手里拿着手机，就以为孩子在玩手机的人，其实还是自己的全能感在起作用，以为自己不用了解事实，就可以知道孩子在干什么。

这些现象如果刻意觉察的话，会利于之后改善和调整。具体到述情的时候，就是尽量说出客观事实的部分，而不是自己一开始认为的。

比如你看到一个年轻的女邻居家里经常有一个年龄相仿的男人，可能大概率会觉得这是她的男朋友或老公。但需要注意的是，这其实只是你的猜测，是不是事实还真不一定。万一是她的兄弟或者合租的室友呢？也不是不存在这种可能。假设你在需要跟她述情时提到了那个男人，那说"那位先生"肯定比说"你男朋友"或"你老公"更合适。或者可以直接问一下那个男人是不是她男朋友或老公，不然如果万一不是的话，话题就会很容易转换到你对这件事的误会上去了，而你要表达的内容的分量自然也会被减轻。

还有一种让我们的表达远离事实的语言，就是我们的评价、判断。虽然说话的时候你也会表达出自己的感受，但说了评价之后，述情的效果也会大打折扣。

比如，一个朋友没经过你的同意，就把你告诉他的你感情中一些很私密的事情告诉了别人，你如果对他说"你这样伤害我，我感觉很失望、很愤怒"，那这里的伤害就是你对这个朋友所作所为的一个评判。到底什么是伤害，什么不是伤害，你们也不一定能很容易地达成共识。使用这样的词语，本身就很容易引起双方的争执，述情的效果当然也会受到影响了。

但如果你说："你没有经过我同意，就把我感情上的事情告诉了别人，我感觉到很受伤，也很愤怒！"对方就没什么可以争辩的了，因为你表达的只是事实，而且这时你的感受也会更容易被对方感觉到。

也就是说，仅仅是述说事实，很多时候就已经可以让对方理解和感觉到我们的感受了，再加上我们还会将其说出来，就会更容易让对方感同身受。

熟练使用感受词

述情既然是表达自己的感受，所需要的基本能力当然也离不开我们对自己内心感受的识别与命名。

正常情况下，这种能力应该在成长过程中由我们的父母和身边的人教会我们，但如果他们本身也缺失这种能力，我们就会失去不少学习的机会。不过，只要不是那种和自己的感觉连接不上的情况，我们就都可以通过自学来一定程度地提升这种能力。而这种学习就需要从识别自己的感受并为其命名开始，也就是要熟练使用感受词。

我们的内心感受，包含了我们的情感、心境、情绪几个方面，所有用来形容这几个方面的词语都可以用来表达感受。

想要知道一个词是不是感受词，我们可以感受一下这个词，看看它是从心里出来的，还是从我们大脑的理性中出来的。但凡是感受词，如果它的所指你曾经体验过，你就一定会知道它是从心里或身体发出的一种感觉。也就是说，当你有这种感受时，要么你的心是有感觉的，要么你身体的某部分是有感觉的。

比如伤心这个感受，当你真的体验到时，你就知道心脏的确会有受伤了一样的痛感。伤心得厉害时，甚至会觉得有一把刀把自己的心割破了。生气时，我们的肺部会有扩张的感觉，强烈时会觉得肺里充满了气体，像是要炸了一样；羞愧时，我们的脸庞会有发烫的感觉，看起来还可能会发红；而失落时，就会感到浑身无力，一动也不想动，就像力气被抽走了。

但如果不是感受词的话，你想去感受它时，就会发现内心和身体往往都是没有感觉的。比如自私、小气、矫情等词，因为它们都是来自理性的评价词。

还有一类词，也是用来形容我们内心感受的，但它们实际上却并不是感受词，而是人们对内心感受的形象比喻，常常是用来形容一个人的心情状态的，比如万箭穿心、心如死灰等。如果你用心感受这些词的话，还是会发现它们虽然接近了你内心的真实感受，但它并不是你内心的感受本身。所以当使用这些词语时，虽然别人可以想象得到我们的感受有多么强烈，但多少也会觉得不那么真实，甚至有些刻意和做作。

"万箭穿心"比喻的是人内心感到极度伤心和痛苦的状态，而"心如死灰"描述的是人在极度绝望时的情绪状态。

我们可以体会一下使用这些词和使用感受词的区别：

"看到那一幕，我感到万箭穿心！"
"看到那一幕，我感到心里无比疼痛！"

"听到这句话，我感到心如死灰！"

"听到这句话，我感到无比绝望！"

可以感觉到，当使用这些词时，我们并没有直接和自己的感受在一起，而是中间隔着一定的距离，就像有一层薄薄的膜一样。而述情时最能打动别人的词，一定是在那一刻和我们的内心感受有直接连接的词，也就是感受词。

实际运用中，如果你不确定一个词是不是感受词的话，你可以试着把想到的词放到下面的句式中去体会一下。只要这个词是感受词，放在这个句子里读起来就会感觉是合适的、顺畅的，如果不是感受词的话，则会觉得不合适、不顺畅，有病句的感觉。

这个句式就是：

"我现在感觉到心里有一些……"

比如：

我现在感觉到心里有一些生气！

我现在感觉到心里有一些小气！

我现在感觉到心里有一些自私！

很明显，小气和自私并不是来自心里的感受，而是来自理性的评价，所以放在这个句式里就是不合适的，读起总觉得怪怪的。

适合它们的句式应该是：

"我现在认为我……"

比如：

我现在认为我当时有一些小气！

我现在认为我当时有一些自私！

还有一些容易和感受词混淆的词语，它们常常用来形容人的状态。这些词放到"我现在感觉到心里有一些……"句型中后读起来也会感觉勉强可以，但如果仔细感受的话，往往会让你联想到一些形象的画面，是一种对人的状态或场景的描述。因此，它们也是从脑子里出来的，而不是从心里出来的。

比如"幸灾乐祸"一词，是描述一个人看到别人遇到了痛苦或不幸的事情后自己反而高兴的样子。它并不是一个感受词，也不像"万箭穿心"等一类词语那样是对感受的形容，它描述的是一个人的状态。一个幸灾乐祸的人心里的感受其实是高兴。如果这个人述情，他应该说"看到他痛苦的样子，我现在感觉到心里有一些高兴"，而不是"看到他痛苦的样子，我现在感到心里有一些幸灾乐祸"。

类似的词还有很多，都是用来描述人们当时的状态，甚至是外部表现的，而不是人们内心的感受，比如兴高采烈、欢呼雀跃、垂头丧气等。

用来描述感受的词本身有很多，其中除了直接用来表达我们内心各种具体感受的种类外，还有很多是用来区分同样一种感受的不同维度的。

比如不满、生气和愤怒，所说的都是驱使我们想要攻击他人的内在感受，但强烈的程度不同；而担心、焦虑、害怕、后怕，则是同一种情绪在不同时间维度的体验。担心、焦虑是指向未来的，害怕是指向当下的，后怕则指向过去。

再比如高兴、开心、快乐、幸福，这些词都是表达人们得到满足时的心情状态，但情绪的范围却不同，并且也有着情绪时间长度上的差别。

高兴的时候，情绪充满了整个身体，也往往会有所外露；开心的时候，情绪虽然也会外露，但需求满足的深度往往并不深，有时只是因为一些幽默的、滑稽的、好玩的事情而产生的短暂感受；而快乐则常用来形容更长时间的心情。

比如，这个假期我过得很快乐。

幸福则是一种更大范围以及更长时间的感受，需求被满足的程度也往往更深，比如被爱，有安全感等。当我们问自己幸不幸福的时候，往往需要把自己一段时期里所有的感受都考虑在内。也就是说除了得到满足带来的感受以外，往往也需要在那段时间里没有持续存在较大的痛苦感受，不然我们就很难说自己是幸福的。

比如，跟某人在一起的那些年里我很幸福！

还有一些感受词是由两种感受组成的。比如羞愧就是由羞耻和惭愧组成；愤恨则是由愤怒和痛恨组成。

因此，把时间、范围、强烈程度等这些不同的维度都考虑进去之后，感受词就有很多了。

在历史的不同时期，也都有人尝试对情绪进行分类。我国古代有人把人的情绪分为喜、怒、哀、乐、爱、恶、惧七种基本形式，现代也有人把情绪分为快乐、愤怒、悲哀、恐惧四种基本形式。用来描述情绪的词，就是最主要的感受词。

我对感受词也做了一些简单的研究，按照是否可以放到"我感觉心里有一些……"这个句型中使用的标准，我找到了166个感受词，但我的统计肯定也并不完全，一定也有一些感受词被我漏掉了，我估计汉语中用来表达感受的词语至少有200个。

为了方便大家理解，我根据这些感受词所对应的情绪会出现的情景做了一个分类，放在了我的微信公众号①里，供有需要的读者朋友参考。我也会在以后持续关注和丰富这个感受词库。

因为感受词中有一些词是用来描述两种感受的，还有一些词语可以用在不同的场景中，比如"激动"这个词，既可以用来表达人们得到满足时会有的感受，也可以表达人们对未来充满期待时的感受，甚至还可以表达人们愤怒时会有的感受。所以对感受词的分类并不能做到绝对泾渭分明，也请读者谅解。

这些词都是前人针对人类的情绪、情感、心境等进行的命名，每一个感受词一定对应着一种或两种内心体验。当你看到这些词时，可以试着感受一下是否能清晰地知道每个词所对应的内心体验。如果不确定的话，可以参考我在附录中所做的部分例句，也可以通过查阅词典等资料来了解。

并且，如果你真的有在对这些词进行辨别和思考，这本身就可以提升你的述情能力。

同一件事所带来的内心体验也往往并不是只有一种，而是多种感受共同组成一个感受集团。比如当一个人被自己信任的人背叛时，可能既有愤怒，又有伤心、挫败、失望，甚至还有羞耻感。述情时我们表达得越完整就越容易让我们内心的每种感受被看到，也越容易被他人理解。

----

① 作者微信公众号：赵永久。在微信公众号里回复"感受词"3个字，将看到更新后的感受词词库。

也许不同的人对于某些词会有不同意见，这可能是因为这个词既可以用来描述人的一种外在情绪状态，又可以用来描述人的一种内心感受，或者它既是动词，又是名词。类似这样的词，在述情时也都是可以使用的。

第十六章

述情的三个基本句型

述情，指的是表达自己的感受，按照这个说法，只要我们说的话是在表达自己内心的感受，就都是述情。但这样的表述，对于那些以前不怎么述情的人来说，学习起来可能会没有方向和参考。为了帮助大家更好地提升述情能力，我总结了述情的三个基本句型。

这三个基本句型是我们日常述情时的基本格式，对应三种最常见的相关情景。只要熟练掌握这三个句型，学会述情就问题不大了，因为我们平时很多述情的语言，基本都是对这三个基本句型的运用或不同组合。

再次提醒的是，使用这些句型时，依然需要根据关系的不同，选择不同颗粒度的感受词。

句型一：事实 + 感受

日常生活中，最常见的需要述情的时刻，就是当发生的事情唤起了我们的情绪时。这个时候，把发生的事实讲清楚，然后再加上自己的感受，就构成了述情的第一个基本句型，也是最常用的句型：事实 + 感受。

比如当你做成功了一件事，你感到自豪，述情就是："做成了这件事，我感到挺自豪的！"

再比如弄丢了手机，你感到自责，述情就是："把手机弄丢了，我感到挺自责的。"

有些时候，我们其实并不只是内心有感受，我们的身体可能也会有感受，所以如果能加上身体的感觉，就会更容易被人理解。

比如：

"刚才前面的车忽然刹车，我被吓了一跳，后背的汗都出来了。"

"听你刚才讲完，我气得浑身发抖。"

"打了这么多饺子馅，我累得手腕子疼。"

当然有些时候，可能即使并没有发生什么特别的事，你也会有心情上的变化，此时也可以直接述情。比如："不知道为什么，我今天总有一种想哭的感觉。"而这时的"不知道为什么"其实就是事实。

当然，像这种不知道为什么，心情忽然有变化的情况，其实也不是没有原因的，而是原因还没有被我们意识到。

比如心理学上说的"周年反应"，就是过去发生的一些带给我们痛苦或创伤的事，每年到了同样的时间都会唤起我们内心的情绪，但我们可能对此并不自知。再比如，如果我们在儿时的某个年龄遭遇了创伤体验，等我们的孩子长到跟我们当年一样的年龄时，我们内心的痛苦感受也可能会被唤起，但我们却并不一定意识得到这个原因。

像这样的情况，都可以通过专业人士的帮助来解决。

句型二：需求 + 决定

生活中我们做的几乎所有事情，其背后都是有需要的，特别是当这些需要的满足要借助他人之力时，讲出我们的需求往往更能被他人理解。即便有些时候，你并不需要对方参与，但你做的事情涉及对方时，打个招呼也更能让对方理解并感到被尊重。

在这种时候，讲出自己的需求，再加上对如何解决这个问题的决定，就构成了述情的第二个基本句型：需求 + 决定。

比如就在写这本书期间，我坐的椅子因为腿部和腰部的支撑都不够，坐久了会腰疼，我要买一把新的椅子，想跟我爱人打个招呼时，就用上了这个句型。

需求："我书房的椅子，坐久了腰疼！"

决定："我想要换一把椅子！"

这两句话加起来，就是一句完整的述情，也很容易被理解。我说完之后，我爱人就开始在网上帮我找适合我的椅子了。

还记得我在本书开篇举的那个我正在讲课，忽然肚子疼需要去上厕所的例子吗？当我说"我肚子疼，需要出去一下"时，使用的也正是"需求 + 决定"的述情句式。

从这个句型的角度出发，也可以把人们在述情时不同的袒露程度与之相对应：

那些在遇到需要商量或打招呼的事情时，"需求"和"决定"都不说就直接去做的人，就是不袒露而直接付诸行动的人。他们往往容易让人觉得不被尊重，进而会感到愤怒，自己本身更是不容易被人理解。

只表达自己的决定而不说需求的人，比那些完全不说的人，给人的感觉要好些，但也容易让人不理解，因为不说出自己的需求，别人也就不知道具体的原因。

还拿我买椅子的事情来说。如果我不说是因为我书房的椅子坐久了腰疼，而是直接对我爱人说我要买个椅子，她就可能会觉得我乱花钱，椅子才买没几年，还好好的，为什么还要买。当然，如果我什么都不说就直接买了一个回来，要仅仅只是一把椅子的话可能还好，但要是换成沙发、床垫一类的大件物品，特别是那些她平时也会使用的东西，就更容易让她愤怒了。她可能会觉得没有被尊重，会觉得家里的事情完全是由我说了算，我想干什么就干什么，完全不在乎她的感受。

可见最好的做法，当然是直接说出自己的需求和决定。

因此，在本书开始时我列的关于《不同的自我袒露程度与带给别人的感受》一表（表1），也可以换成这样：

表 2：不同的自我袒露程度与带给别人的感受

方式	袒露程度	带给别人的感受
方式一	需求和决定都不说	常常不被人理解，别人也容易愤怒
方式二	只说决定，不说需求	别人感受会好一些，但依然不太容易理解与接纳
方式三	说出需求＋决定	别人会感到被尊重，也很容易理解与接纳

句型三：可以……？

前面我提过，生活中如果我们想和别人有好的关系，或者如果我们想做一个成熟的人，就不可以控制任何人，需要放弃全能自恋，并接受别人不一定会如我们所愿。因为别人也是人，也都有自己的个人感受和自主意识。因此，当我们所做的事情涉及别人时，我们需要和别人打个招呼，有些事情也需要和别人协商。

这时，虽然我们已经不只是在表达自己的感受了，但这却是对别人的一种尊重。也就是说我们在述情的时候，不能只关注自己的感受，而不管对方的感受。比如在亲密关系中，我们做的很多决定都会涉及爱人的利益和权利；公司经营中的决定会涉及合作伙伴的利益和权利；一起出去玩儿时的决定就涉及全体成员的利益和权利。

所以在这些关系中，当我们想要满足自己的一些需求时，就常常需要和对方商量，征求对方的意见。这时在自己的话语中加上"可以……？"就构成了述情的第三个基本句型。

这个句型虽然不是在表达感受，但是在我们做的事情涉及他人的情况下，也许是需要征求对方的同意，也许是需要请对方帮忙，这句话就给了对方选择的权利，而不是要求、强迫对方。这是在日常生活的述情中，在表达完自己"需求"后，说"决定"时最常用的语言，其中充满了对他人的尊重。

此外，它也经常需要配合前面两个句型使用。

比如，"我想买个新的椅子，你看可以吗？"或"我想要个新的椅子，你可以在网上帮我挑一个吗？"

前面也讲过，经常使用这个句型对于放弃我们的全能自恋也有帮助，因为说出这样的话时，就已经不是在控制别人了，而是尊重。并且，因为这个句型对他人充满尊重，所以当我们使用这样的句型时，别人也更容易满足我们的需求。因此，这个句型也被称为"魔力句型"，意思就是像拥有魔力一样，说了之后别人就更容易答应我们。

这其实也挺有意思的，当我们放弃对别人的控制时，别人反而更容易满足我们。

需要注意的是，使用"能不能……？"的效果往往不如使用"可以……？"好。

因为"能不能……？"有两层含义：一层是意愿，另一层是能力。当你问对方能不能时，对方可能会感觉是对他能力的质疑，这样的话，他就可能会倾向于不满足你。

比如：你能帮我上网买把椅子吗？对方：能，不买！

把以上三个基本句型连起来，其实就是我们日常生活中在涉及需要和其他人商量事情或请求别人帮忙的情景中述情时，用得最多的完整语句。以上三个句型，每个都只是完整语句其中的一个组成部分。

"我的椅子对腿部和腰部支撑不好，坐着有些不舒服，坐久了腰疼！可以帮我在网上挑把新椅子吗？"在这句话中，"腿部和腰部支撑不好"是事实；"坐久了不舒服，腰疼"是感受；"可以帮我在网上挑把新椅子吗"是决定，并用"可以……？"的句型说了出来。

因此，这就是涉及他人时，述情最常用的句型：

事实＋感受＋可以……？

比如，当你去饭店吃饭，由于时间紧张，打算尽快吃完就走时，可以这样跟服务员说："我的时间紧张，有些着急，可以帮我把菜上得快一些吗？"或者直接在点菜时说"可以帮我推荐一些上得快的菜吗？"前者就是一个完整的"事实＋感受＋可以……？"句型。

再比如，"我失恋了，心里有些难过，晚上可以陪我聊聊天吗？"或"我感冒了，有点怕冷，可以帮忙把窗户关上吗？"

当然有些时候，当发生了一些显然可以被人理解的事情时，你只要一说出来，别人就知道了你的感受或经历，直接说"事实＋可以……？"或"感受＋可以……？"也是很容易就会被人理解的。

比如："我的航班还有20分钟就到点了，可以让我先安检吗？"这句话里只有"事实＋可以……？"，或"不好意思！我怕狗，您可以坐下一趟电梯吗？"这句话里只有"感受＋可以……？"。

第十七章

述情的时机

　　述情是表达自己的感受，从这个角度来讲，只要场合和对象没问题，任何需要表达自己感受的时候都可以是述情的时机。

　　不过，就像我们学习开车、游泳、舞蹈等，开始时教练都会分解动作、详细讲解，目的是让我们学得更加细致、标准、高效。所以为了帮助大家更好地掌握述情这种能力，我对于述情的时机也做了一些总结，也可以算作是初学时的动作分解，供大家参考。

　　但这肯定不是适合述情的全部情景，述情所能运用的范围要比这大得多，这还需要大家在生活中灵活掌握。

当心情好的时候

　　在核心关系中都是与我们非常亲密的人，当我们遇到高兴、自豪、幸福的事情时，把这种心情分享给他们，除非刚好遇到对方心情很不好的时候，否则他们往往也会为我们高兴、自豪，或感到幸福。

述情的句式一般都是：事实＋感受。

"今天知道我被评为优秀员工了，很开心！"

"这个假期在海边玩，很快乐！"

"自从住到这个新房子里，我就感觉很幸福！"

每个人都希望自己是有价值的，是可以为家人、朋友创造幸福的，当我们跟身边的人在一起时感到开心、幸福、愉快等，把这些感受分享给他们，本身就是对他们存在价值的一种肯定和认可。

吃完一顿饭，或一起运动、娱乐时感到开心、愉快，可以直接说：

"今天的饭吃得很开心！"

"今天过得很愉快！"

毕业时如果感到过去和同学在一起的时光是很快乐的，可以对同学说：

"过去这几年，跟你们在一起学习，我感觉很快乐！"

离职时如果觉得过去领导、同事对自己有帮助，心中是感激的，可以对他们说：

"这段时间里得到了您很多的帮助和指导，我心里很感激！"

当心情不好的时候

生活中，我们难免都会遇到困难、挫折、丧失，以及危险等，如果遇到的事情给我们带来了心情上稍大一些的波动，特别是带来了一定的压力、恐惧、痛苦等，分享给身边的人，不但可以让对方理解我们当时的情绪状态，以及理解我们可能会表现出的一些行为，还可能会帮助我们疗愈。

生活中一些人的原则是"报喜不报忧"，如果目的是保护孩子、老人等需要我们呵护的群体，那这的确是没问题的。但如果无论在任何情况下，对谁都报喜不报忧，就使得自己承担了所有的痛苦、压力、恐惧等，容易让自己耗竭。

任何人承受的能力都是有限的，时间久了都可能会承受不了，导致精神耗竭或崩溃。并且，这种做法本身也有全能自恋的色彩，好像什么事情自己都可以搞定，什么压力自己都可以承受一样。

从人际关系的角度来说，成人之间的人际关系本身就是相互依赖的。我们可以分享自己的压力、痛苦、恐惧给家人、朋友，他们也可以分享这些感受给我们，只要不总是单方面在分享，而另一方只是在承接就行。

在心情不好时，我们往往就只是想要分享一下自己的感受，获得对方的聆听和理解，也不需要跟对方商量什么，所以述情句式可以是：事实＋感受。

"今天单位发生了一些事情，我感觉挺郁闷的！"

"下班路上遇到一件事，让我感觉心里很不爽！"

"刚才看到一个视频，心里有点难过！"

然后在对方愿意或有时间聆听的情况下，可以说得更细致一些。

有些时候，如果不确定对方是否有时间和心情来听我们说这些，那在述情之前，也可以问问对方是否方便听我们说说。

"你有时间吗？听我给你说点我的感受！"

"你现在方便吗？我心里有些不舒服想给你说说！"

这本身既是对对方的尊重，又是在看对方当下是否有承接你情绪的意愿和客观条件。

这里需要注意的是，有些人会认为，只有在需要别人出主意想办法的时候，才需要分享，如果不需要这些的话，又为什么要分享呢？他们自己是这样认为的，对待别人时也会以为别人也是这样想的。于是别人一分享心情，他们所做的就是马上提供解决方案。这种做法本身既是过于关注解决事情，而不太关注情绪的表现，而且依然有全能自恋的色彩，认为别人似乎无法自己解决他们遇到的问题，而自己比别人厉害，可以帮他们解决。提供解决方案的过程，满足了自己自恋的需要，而实际有时对方需要的只是聆听、理解，可能就只是想要分享一下而已，我们听完之后，表达一下对他们的理解就可以了。

特别是在亲密关系中，有时候分享本身就是目的，并不一定需要出主意想办法。当对方分享时，我们就需要聆听，表达共情；当我们自己有情绪时，就需要述情，然后对方聆听和理解。这样就可以了，这本身就是情感在流动。

对于有上述特点的人而言，不但要学习聆听别人的感受，还要学习表达自己的感受，让自己与他人间的情感流动起来。人与人之间的情感连接，有时候就体现在相互间的情感流动上。这样，人与人就会成为靠在一起的火把，相互照亮、相互点燃、相互温暖。

在一起，本身就会让人感到幸福、岁月静好。

在一起，你是有光的，我也是有光的。

不然，各自都孤零零地存在着，风一吹、雨一打，都容易熄灭。

当被入侵的时候

当我们被入侵的时候，我们可能会感到愤怒，这时的愤怒是神奇的大自然赋予我们保护自身的情绪功能。但这也意味着，在愤怒这种情绪的背后，一定有着更深的让我们痛苦的情绪存在。

如同我在前面讲过的，容易发脾气的人会直接攻击他人，而述情是表达出愤怒背后的深层感受。特别是在较近的关系中，把这些更深的情绪连同愤怒一起表达出来，既是对入侵的拒绝，也容易获得对方的理解。

句式往往是：事实＋感受＋可以……？

比如，到了睡觉的时间，你很困，但爱人靠在床头刷手机，你受到影响睡不着，可以说："亲爱的！我很困了，明天还要上班，你手机经常发出声音，我实在是睡不着，可以小点声吗？"

再比如，家里买了好吃的，孩子一个人都吃完了，你也可以说："宝贝，这个东西很好吃，是吧？我也很喜欢吃，下次可以给我留点吗？"这样也可以让孩子意识到别人也和他一样是有需要和感受的，让他学会为别人考虑。

而在较远的关系中，因为没有必要袒露得那么具体，所以如果我们感到被入侵，则可以直接表达不满和要求。

比如一个关系一般的同事拿了你桌上重要的东西去用，没有跟你打招呼，你就可以对对方说："你拿我的东西，没有和我打招呼，我感觉挺不爽的。下次再用我的东西，请你跟我说一声，可以吗？"

这是根据关系的远近，进行不同程度的袒露。同样的事情，如果放在核心关系中，就可以表达出找不到东西时的着急、担心、害怕等更具体的感受。

当创伤被触碰的时候

每个人内心都可能会有一些创伤，一旦被触碰到，我们就会感到痛苦或愤怒。同样，此时的愤怒是表层情绪，痛苦是深层感受，表达出这些感受，既是对自己的保护，也容易获得对方的理解。

此时的句式也常常是：事实＋感受＋可以……？

比如遇到有人提起那些让你心里觉得不舒服的事情时，如果不希望对方再提，你就可以说："你一提到这件事，我心里就会不舒服，可以不再提这件事吗？"同样，在感受词的使用上，如果是关系较近的人，就可以选择颗粒度更小一些的词。

在环境安全的情况下，特别是在核心关系和友亲关系中，表达出我们痛苦背后的经历，往往更能获得对方的理解，还可能会疗愈自己。就像前面说的那个因为想让旅游的亲戚住家里而和妻子争吵的男学员，当他表达出自己儿时去亲戚家里的经历之后，妻子马上就理解了他，他也得到了一定的疗愈。

这也是为什么很多相互了解的人之间会有更多的理解，因为知道对方经历过什么，人们就容易进入对方的感受里理解对方。而如果不知道对方经历过什么，我们往往就容易在道理层面上去看待对方。

当需要与对方协商的时候

前面讲过，当有事情需要与对方协商或需要对方帮助的时候，可以使用"可以……？"的句型，但那只是在述情的最后给对方选择的权利和尊重。如果之前你没有很好地表达自己的感受，有时候对方也是不容易理解你的，即便使用了"可以……？"的句型，对方也还是有可能拒绝你。如果可以把自己的感受讲得清楚些，就容易获得理解，这也就是古人说的"动之以情"。

这一点在生活中很多人也的确有在运用。

比如在亲密关系里，你有一个亲戚或朋友需要你的帮助，但你的爱人不太同意你帮助对方的话，此时把你和这个亲戚朋友之间的感情讲出来，也就是从情感层面上表达出来你为什么想要帮助他们，通常就更容易获得爱人的理解。如果你跟这些亲戚朋友有很深的感情，看到对方遇到困难时你替对方感到着急的话，就需要把这种着急的感受也表达出来。

"我们以前关系很好，我得到过不少他的帮助，我们之间的感情是很深的。现在他遇到了困难，我听说后心里很为他着急，我想要帮助他，不帮助的话我心里会内疚。你看可以吗？"

甚至可以把他们以前帮助你的具体细节也讲出来。事情讲得越详细，有时候爱人就越容易对你感同身受，也就越容易理解你、支持你。

在实际生活中，也有人在遇到这种情况时会逼迫对方，说出强迫对方的话：

"不管你同意不同意，我就是要帮他！"

"你要是敢不同意，以后你的亲戚朋友也别找咱们帮忙。"

"你要是不同意，我跟你离婚！"

或者发很大的火。这些做法都有直接忽视对方内心感受的色彩，毕竟对方也有可能会有不安全感、焦虑等感受，要求对方在这件事上完全听自己的，也有控制的成分在其中，同时也是很多关系中痛苦的源泉。

控制他人的行为更为典型的存在，是在各种关系里都有人说话时喜欢用"你给我……"的句式。这明显是让对方服从自己，而不是商量和尊重对方的做法。

比如：

"你给我回来！"

"你给我把东西拿来！"

"你给我闭嘴！"

这里的关键是，很多人并不是不懂得"动之以情"的道理，而是对自己的全能自恋不自知，不自觉地就被潜意识推动着去控制或强迫对方了。毕竟什么事情都自己说了算的感觉是那么爽，那么有力量。结果就是很多时候容易引发冲突和矛盾，也给人很强势的感觉。

强势的人如果再加上有能力的话，也许会在事业上发展得挺好，婚姻也许也可以经营下去，毕竟有的人在关系里是依赖对方的，往往也就处于顺从的地位。但容易受伤的是他们的孩子，因为孩子在强势父母的压制下，很难成长为一个有力量的人。

述情就是放弃自己的控制性行为，在各种关系里都把对方当成

和自己一样的人来平等对待、尊重，遇到事情尽量跟对方耐心沟通、表达，希望以此得到对方的理解。很多时候，对方反而也因此更愿意友好地对待和尊重我们了，关系往往也更容易走向一种相互体谅的良性互动。

当修复关系的时候

关系中，我们在情绪强烈的时候说话做事可能会不小心就伤害了别人。特别是在发生冲突的时候，带着愤怒的情绪，有时说话也许就会掌握不好分寸。事后想想也会觉得自己有做得不合适的地方，这个时候也可以使用述情的方式去主动修复关系。

当然，这样的对话一般都是以道歉的形式开始的，同时也往往需要先表达对对方的理解，然后再述情，这样就可以达到互相理解的效果："对不起，刚才我说话也没太注意，我想你可能也是因为心里不舒服才会那样跟我说话！"像这样先对对方共情，对方往往就会更愿意好好表达。等对方说完，我们就可以接着表达自己的感受了："我之所以会那样说，是因为我感觉到……！"这样表达之后，对方往往也容易理解我们，双方的关系可能会更好，也更知道如何与彼此相处。

也有些时候，我们可能不知道是什么原因就让别人不舒服了，关系无意间就出现了问题。这种时候，依然可以通过述情去主动修复关系。而愿意去修复关系，也会使得你和别人之间关系的韧性更足，你的人际交往能力也会更好。

我刚参加工作的时候，曾经有一次路过亲戚家，借宿了一晚上。第二天我走了之后，回忆在亲戚家的感觉，总觉得哪里怪怪的，好像亲戚对我的态度没有以前那么热情了。于是我主动联系了亲戚，并说了我的感受和我的困惑，告诉他我不知道哪里做得不合适了，请他告诉我。之后亲戚告诉了我原因，原来是因为我那段时间已经开始有工资收入了，去女朋友家时带了挺多礼物，而去他家时却还像小时候一样，什么都没带，他家还有一个年龄很小的孩子，我却一点也没想到。另外亲戚对我那时花钱的随意性也不认可。我这才意识到自己做得有多不合适，也向亲戚道了歉，之后再去都会记得带些礼物，也会记得以后去别的亲戚家也都注意这一点。我和亲戚之间的关系，也比原来更亲近了。

而这个过程，与我主动表达有关，不然我们的关系可能就此变得疏远，而我也没有那么快地意识到作为一个成年人去别人家，是需要记得带些礼物的。

当需求没有被满足的时候

越是在亲近的关系中，彼此对对方的需求就会越多。特别是在亲密关系中，从相爱的那一刻开始，自己内心的很多需要就都指向了对方，渴望被爱、被理解、被认可、被接纳等等。

这里既有正常的情感需要、相互依赖的成分，也有可能把对满足自己儿时缺失的渴望带入了亲密关系。我们在内心深处，有些时候已经把对方当成了自己父母一样的角色。我们都很有可能会这样，只是带入得多少而已。

与其他家人、同事、朋友相处，虽然不如亲密关系里的需求那么大，但也会有。比如渴望对方在自己有困难的时候给予帮助，在自己有情绪的时候对方可以理解等等。

人与人之间的帮助和依赖如果是相互的，就是一种较为正常、成熟的方式；如果只是一方依赖另一方，那就不是成熟的方式了，而是一种真正的依赖，就像孩子依赖大人一样。这样的关系，往往也不会长久，因为被依赖的一方早晚可能会厌倦。我们要通过述情，表达自己的需求，但同时也要避免自己单方面地依赖他人。

在各种人际关系中，皆是如此。在较近的关系中，因为内心本身就有这些渴望，等到事情真的发生时，我们的需求如果没有得到满足，往往就会失望、生气、委屈、伤心等。这个时候如果表达出自己的感受，直接去连接对方内心的情感和柔软的部分，就可能会让对方深深地理解我们，也就有可能会愿意更多地满足我们。

这里的重点是让对方理解我们，并非一定满足我们。因为满足不满足除了看对方是否有意愿外，也要看他有没有能力，或是否承受得了。当然，如果对方只让你满足他，而他不满足你的话，你也有选择的权利，选择是否继续满足他，甚至选择是否继续保持原来的关系。

也就是说，这些内心的感受并不是我们控制对方的理由。不然就已经不再是渴望对方满足我们，而是强迫对方满足我们了，两者的区别就在于对方有没有选择的权利。

生活中有些喜欢控制别人的人，他们所采用的方法往往是激起对方的内疚。比如"我都这么无助了，你怎么还不帮助我"。让你有一种"如果我不帮助你，我就是错了"的感受。而述情并不是想要说对方错了，而只是说出自己的感受。既不是对方错了，也不是对方对了，而是根本不在对错的频道里跟对方沟通。

前面也说过，抱怨、指责、批评、否定，甚至发火等，也都是没有直接表达自己的感受，而是想要直接改变对方，因此都有控制的色彩。我们也可以这样来理解，述情除了为了获得对方对我们的理解以外，如果还有希望对方满足我们的成分的话，这个成分也顶多是通过情感打动对方。而前面说的那些做法，都是直接控制对方，只不过有的控制表现出来是强势的，有的控制表现出来是弱势的。

第十八章

提升述情能力的方法与练习

如果你想要提升自己的述情能力，当然是试着在生活中直接用述情的方式与人沟通，而不再使用前面讲过的那些诸如讲道理、论对错、说教、发脾气、指责、批评，甚至直接付诸行动等以往所习惯的方式，进步最快。

不过，如果你想在实践之前做一些练习的话，也是有一些练习方法的。或者如果直接去实践述情对你而言有一定困难的话，那么下面的练习可能会在一定程度上帮助到你。同时因为述情本身就具有自我疗愈的功能，所以你做这些练习也有利于自己的心理健康。

练习一：100 个常用感受词的辨别

我在下面的感受词汇中，加入了 8 个不是感受词的词，请试着把它们甄别出来。

高兴、兴奋、开心、快乐、愉悦、愉快、欣慰、喜悦、活泼、舒畅、温暖、幸福、满足、羡慕、自豪、优秀、振奋、兴奋、吃惊、惊讶、激动、惬意、爱、喜欢、感激、感动、充实、庆幸、想念、期待、舒服、踏实、认真、放心、放松、轻松、自在、平静、快慰、痛苦、苦闷、郁闷、苦恼、悲伤、悲痛、伤感、痛心、伤心、担心、恶心、焦虑、困惑、紧张、迷茫、恐惧、害怕、内疚、失落、无助、无奈、无力、无能、失望、绝望、心寒、心痛、心疼、心烦、心酸、心慌、心碎、自负、自责、着急、愤怒、愤恨、警惕、生气、恨、讨厌、厌恶、厌烦、妒忌、震惊、孤独、寂寞、尴尬、忐忑、惭愧、羞愧、遗憾、嫉妒、后悔、挫败、沮丧、发愁、烦躁、浮躁、压抑、憋屈、委屈、羞耻、害羞、耻辱、屈辱、空虚、无聊、醒悟。

参考答案在本书最后（见附录一），但请你最好在做完这个练习之后再去查看，不然，练习的效果会受到影响。

练习二：使用80个相似感受词造句

在感受词当中，有一些词词意相近，但却并不相同，它们表达了我们体验上的细微差异，可以试着使用这些感受词造句，提升自己对细微感受的命名能力，但造句时所写的内容一定要是自己真实的经历和真实感受，才会有更好的效果。

造句的格式可以是下面的"当 ＿＿＿ 的时候，我感到……"，也可是其他任何格式，只要表达的是你曾经有这些感受时，发生的真实情况就可以。

这个练习假设了以下感受词所表达的感受，都是你曾经有过的，只要你有了一定的阅历，我觉得这也是有极大可能的。人生在不同的时期会经历不同的事情，岁月流逝的同时，经历必然增多，所有的过往都会带给我们感受，只是我们是否意识得到，是否能和那些感受连接上，并可以为它们命名。

以下词语也基本上包含了人们生活中最常见的大部分感受，所以你能造出来的句子的数量，也大致代表了你为自己情绪命名的能力。

如果你不能找到多数感受词所代表的内心感觉具体是什么，说明你可能存在着一定程度上的为自己感受命名的困难，除了做这个练习外，你也可以通过与人沟通，阅读、接受专业人士的帮助等，来学习为自己的感受命名。

如果练习时存在困难，可以参考我在附录二中的例句。

因为词比较多，一天练完可能会练习量太大，你也可以每天练习一部分，甚至只练习几个。或者觉得哪些词更容易就先练习哪些，把那些不熟悉的词留下来慢慢找感觉。

1. 当我在河里钓到一条大鱼的时候，我感到高兴！

2. 当＿＿＿＿＿＿＿＿＿的时候，我感到开心！

3. 当＿＿＿＿＿＿＿＿＿的时候，我感到快乐！

4. 当＿＿＿＿＿＿＿＿＿的时候，我感到愉快！

5. 当＿＿＿＿＿＿＿＿＿的时候，我感到欣慰！

6. 当＿＿＿＿＿＿＿＿＿的时候，我感到喜悦！

7. 当_____的时候，我感到舒畅！

8. 当_____的时候，我感到痛快！

9. 当_____的时候，我感到爽快！

10. 当_____的时候，我感到畅快！

11. 当_____的时候，我感到温暖！

12. 当_____的时候，我感到幸福！

13. 当_____的时候，我感到满足！

14. 当_____的时候，我感到惬意！

15. 当_____的时候，我感到感激！

16. 当_____的时候，我感到感动！

17. 当_____的时候，我感到激动！

18. 当_____的时候，我感到充实！

19. 当_____的时候，我感到庆幸！

20. 当_____的时候，我感到舒服！

21. 当_____的时候，我感到踏实！

22. 当_____的时候，我感到放心！

23. 当_____的时候，我感到放松！

24. 当_____的时候，我感到轻松！

25. 当_____的时候，我感到自在！

26. 当_____的时候，我感到平静！

27. 当_____的时候，我感到宽慰！

28. 当_____的时候，我感到坦然！

29. 当_____的时候，我感到期待！

30. 当_____的时候，我感到渴望！

31. 当＿＿＿＿＿＿的时候，我感到期望！

32. 当＿＿＿＿＿＿的时候，我感到吃惊！

33. 当＿＿＿＿＿＿的时候，我感到惊讶！

34. 当＿＿＿＿＿＿的时候，我感到惊喜！

35. 当＿＿＿＿＿＿的时候，我感到震惊！

36. 当＿＿＿＿＿＿的时候，我感到诧异！

37. 当＿＿＿＿＿＿的时候，我感到羡慕！

38. 当＿＿＿＿＿＿的时候，我感到嫉妒！

39. 当＿＿＿＿＿＿的时候，我感到仰慕！

40. 当＿＿＿＿＿＿的时候，我感到敬慕！

41. 当＿＿＿＿＿＿的时候，我感到敬佩！

42. 当＿＿＿＿＿＿的时候，我感到敬畏！

43. 当＿＿＿＿＿＿的时候，我感到心疼！

44. 当＿＿＿＿＿＿的时候，我感到不忍！

45. 当＿＿＿＿＿＿的时候，我感到想念！

46. 当＿＿＿＿＿＿的时候，我感到思念！

47. 当＿＿＿＿＿＿的时候，我感到挂念！

48. 当＿＿＿＿＿＿的时候，我感到牵挂！

49. 当＿＿＿＿＿＿的时候，我感到怀念！

50. 当＿＿＿＿＿＿的时候，我感到苦恼！

51. 当＿＿＿＿＿＿的时候，我感到困惑！

52. 当＿＿＿＿＿＿的时候，我感到迷惑！

53. 当＿＿＿＿＿＿的时候，我感到迷茫！

54. 当＿＿＿＿＿＿的时候，我感到忧伤！

55. 当＿＿＿＿＿＿＿＿＿＿的时候，我感到担忧！

56. 当＿＿＿＿＿＿＿＿＿＿的时候，我感到忧愁！

57. 当＿＿＿＿＿＿＿＿＿＿的时候，我感到忧虑！

58. 当＿＿＿＿＿＿＿＿＿＿的时候，我感到苦闷！

59. 当＿＿＿＿＿＿＿＿＿＿的时候，我感到郁闷！

60. 当＿＿＿＿＿＿＿＿＿＿的时候，我感到沉闷！

61. 当＿＿＿＿＿＿＿＿＿＿的时候，我感到烦闷！

62. 当＿＿＿＿＿＿＿＿＿＿的时候，我感到纳闷！

63. 当＿＿＿＿＿＿＿＿＿＿的时候，我感到憋闷！

64. 当＿＿＿＿＿＿＿＿＿＿的时候，我感到失望！

65. 当＿＿＿＿＿＿＿＿＿＿的时候，我感到失落！

66. 当＿＿＿＿＿＿＿＿＿＿的时候，我感到无助！

67. 当＿＿＿＿＿＿＿＿＿＿的时候，我感到无奈！

68. 当＿＿＿＿＿＿＿＿＿＿的时候，我感到无力！

69. 当＿＿＿＿＿＿＿＿＿＿的时候，我感到挫败！

70. 当＿＿＿＿＿＿＿＿＿＿的时候，我感到沮丧！

71. 当＿＿＿＿＿＿＿＿＿＿的时候，我感到心累！

72. 当＿＿＿＿＿＿＿＿＿＿的时候，我感到遗憾！

73. 当＿＿＿＿＿＿＿＿＿＿的时候，我感到惋惜！

74. 当＿＿＿＿＿＿＿＿＿＿的时候，我感到可惜！

75. 当＿＿＿＿＿＿＿＿＿＿的时候，我感到内疚！

76. 当＿＿＿＿＿＿＿＿＿＿的时候，我感到歉疚！

77. 当＿＿＿＿＿＿＿＿＿＿的时候，我感到自责！

78. 当＿＿＿＿＿＿＿＿＿＿的时候，我感到惭愧！

79. 当_____的时候，我感到孤独！

80. 当_____的时候，我感到寂寞！

练习三：记录感受日记

你可以试着记录自己每天的内心感受，就像写日记一样，但不是记流水账，也不需要判断某件事情是否重要，而是只记录自己内心有感受的事情，这对于提升述情能力也会很有帮助。

记录内容是：发生了什么事情？你的感受是什么？

例如：今天新买的孔雀鱼死了一条，我感到有一点心疼！

后记

行有不得，反求诸己！

这些年在讲授包含述情在内的线下课程时，有很多学员课后都说这门课程对他们很有帮助，增进了他们与爱人、父母、孩子，甚至同事等人之间的相互理解，生活中的矛盾和冲突也变少了，但也曾经有学员告诉我说，他们课后回去跟家人试着述情了，但是却没有用。

比如，一位男学员希望妻子能同意他把家里的房子卖了去做生意，经过述情后妻子也没同意；一位女学员希望老公能把手里所有的钱全部交给她管，但述情后老公也没把钱全部交给她；一位婆婆希望儿媳妇能再生个孩子，述情后儿媳妇也没同意再生；等等。

他们所说的述情没有用，指的都是对方没能像他们希望的那样满足他们。

这其实涉及了述情到底是什么的问题。述情是一种自我表达方式，表达后对方可能会更容易理解我们，但我们的需求对方就一定会满足吗？

如果当我们有了需要，对任何人只要一述情，对方就立即满足我们，那这好像就已经不是自我表达了，而更像是一种有神奇效果的控制术。

述情是做不到这一点的，述情也不是控制术。它只是通过表达自己的感受，去连接对方内心的柔软，让对方更容易理解我们，进而提高我们被满足的可能性而已。

在各种关系里，对方都是一个独立完整的人，他们也有自己的需要、恐惧、焦虑、不安全感等等。当对方不愿意满足我们时，往往是他们自己内心的需要和感受在起作用。

比如那位男学员的妻子不愿意让他把房子卖了去做生意，我们很容易想象到，最大的可能是因为他妻子也有对安全感的需要。卖了房子做生意的确可能会赚钱，以后可以买更大的房子，但也可能会赔钱，这样的话连当前的房子也没有了。妻子心里不踏实，所以不愿意冒这样的险。

他向妻子述情后，妻子虽然没有同意他卖房子，但不代表妻子就一定不理解他想要做生意的心情和想法。反之，如果他没有使用述情这样的方式，而是用否定、抱怨、指责等方式来强迫妻子，那妻子就真的很难理解他了。我们也可以想象，接下来二人吵架的可能性也会变得非常大，甚至也不是没有可能闹到要离婚的地步。

这就是述情能做的，述情也只能做到这些：提高被理解的可能，提高被满足的可能，而不是一定会被理解，一定会被满足。

通过以上的例子，我们也都可以感受到，很多人在内心期待可以拥有一种使别人愿意满足他们需要的神奇方法。不要说没有这样的方法了，就算是有这样的方法，我们在实际生活中也不能忽视这样一个问题，即自己的期待是否考虑了对方的感受和需要。如果对方的感受和需要没有被考虑到，那即便对方满足了我们，心里可能也会不舒服。

任何好的关系中，一定都是双方的感受和需要都同时被看到和被照顾到的。任何一方的感受和需要被忽视，心里都可能会不舒服。我们在关系中尽量不要委屈自己、不要讨好对方，但也不要勉强对方。因为任何的勉强，即使成功了，也一定都是以对方压抑了内心感受和需要为前提的。这种情况下，对方心里就会感到委屈。

比勉强更严重的是逼迫。二者的本质都是控制，都是在对方不同意的情况下企图通过各种软的硬的方法，让对方同意。

生活中，控制其实非常常见。让孩子按父母的意愿上兴趣班，不上就对其进行打骂是控制；爱人不满足自己就一哭二闹三上吊或大发雷霆是控制；员工不愿意经常加班，领导就说这是不敬业也是控制，等等。

孩子，特别是婴儿，因为没有能力自己照顾自己，所以他们需要依赖养育者的照顾、关爱、保护才能正常成长。当他们有需要的时候，会用哭闹等信号来向养育者传达信息，让养育者可以及时满足他们，这的确是一种对养育者的控制，但却是正常且必需的过程。

而成年人已经具备了自己照顾好自己的能力，但依然会有一些人还具有孩子的心理特点，想要依赖或控制他人，让他人来照顾或满足自己。这可能是因为他们觉得自己的内心弱小无力，没有能力照顾好自己。但能力都是锻炼出来的，内心是否强大也与历练多少有一定关系。一直依赖他人，就一直没有机会锻炼自己的能力，也没有机会提升自己内心的力量。

　　还有一个角度，我们在前文也已经讲过，那就是他们可能还不能把别人当成独立完整的人来看待，觉得世界是以自己为中心的，别人都应该满足自己。

　　导致这些现象的主要原因有两个：

　　第一个是溺爱。

　　正常情况下，随着孩子逐渐长大，养育者就需要逐渐拒绝满足一些孩子本可以自我满足的需要。比如有些孩子挺大了走路还要大人抱着，吃饭还要大人来喂，鞋带还要大人给他系等等。在这个过程中，孩子可能会哭闹着一定要大人满足他们，但如果那些事情明明就是他可以自己做的，那养育者就需要温和而坚定地拒绝他们。只有这样，孩子才能发展出自己的能力和强大的内心，也自然就会慢慢放弃自己的控制欲，接受别人也是和他一样的独立完整的人，自己是不能控制他人的这个事实。

　　反之，如果养育者在这个过程中不拒绝孩子，不管孩子提出什么要求都满足，就容易形成溺爱。溺爱的后果是非常严重的，轻的会导致我们前面所说的孩子长大后有依赖的特点，在人际关系中会想要控制他人；严重的则会导致孩子长大后为所欲为，甚至可能闯下大祸，所以俗话说"惯子如杀子"。

　　不过，如果养育者的拒绝太过强硬，没有照顾到孩子的感受的话，比如孩子一哭闹就对他进行打骂，那也是会给孩子造成创伤的，会导致孩子觉得自己好像不应该有需要，自己是不被爱的。如此一来，孩子长大后想要依赖和控制人的特点也并不一定就会消失，还可能会成为一个一边依赖并控制他人，一边又深深自责的人，未来的生活可能就会很痛苦。

第二个是忽视。

忽视的意思就是当孩子有需要了，而且这些需要不是他可以自己满足自己的，养育者却没有满足孩子，导致孩子的内心出现缺失。比如婴儿只要是醒着的，就一定会需要有人照顾和陪伴，身边一定要有人来满足他们的各种需要。否则，他们就会陷入巨大的恐惧和痛苦中。如果这个过程过久，次数太多，当时的痛苦过大而且又反复出现，就可能会导致婴儿人格发展的停滞。一个人的人格发展如果停滞在婴儿时期，就往往会导致婴儿期那种控制人的特点固着下来，因为婴儿还无法把他人当成独立完整的人来看待。

不过，溺爱和忽视也并不一定是孤立存在的，而可能是混合在一起的。比如那些自身情绪很不稳定的养育者，当他们心情好时，不管孩子的需要是否合理都可以满足；当他们心情不好时，就会变成不管孩子的什么需要都不满足，甚至会打骂孩子。

有时候溺爱，有时候忽视，孩子就会成长在一个混乱的环境中。这会让孩子更加难以适应环境，难以发展出强大的内心，也往往依然会有控制人的特点。

我们前面讲过，人人都有心理创伤，所以控制欲在很多人身上也都有残留的痕迹，对他人的控制在人际关系里也很常见，这也成了各种人际关系的痛苦之源。

想要在生活里少一些痛苦，在别人不满足我们时，如果我们已经把自己的想法和感受充分表达了，对方还是不满足，我们需要想的，也许就不是怎么才能让对方满足我们了，而是对方为什么不愿意满足我们，他内心的感受和需要是什么。

我们可以顺着这样的思路去跟对方沟通，听听对方的心声，这样通常就可以看到对方内心的感受和需要了。

当然，也不排除即便看到了对方的感受和需要，也还是想要对方满足我们的可能，因为得不到满足心里会不舒服。这时我们就需要看看自己怎么了，为什么会有这么强烈的需要，非要别人来满足不可，或者为什么这么不肯放弃，想要的就一定要被满足。

此时，我们可能看到，自己这些需要和做法的背后往往都是因为心理层面上的创伤。比如，儿时的匮乏导致总想通过所拥有的来证明自己存在的价值；儿时被忽视或被抛弃的经历导致对安全感有过于强烈的追求；儿时的溺爱导致受不了委屈或无法延迟享受，等等。

这些，都是我们要面对的功课。如果这样的创伤不去疗愈，这样的功课不去面对，就可能会对我们的生活产生持续的影响。

就像前面提到的那位希望来京旅游的亲戚住在自己家里的男学员，他儿时去亲戚家遭白眼的创伤经历影响了他的想法，从而影响了他和妻子的关系。但当他意识到自己的坚持与儿时的创伤有关时，他就不再勉强妻子了，他儿时的创伤也不再影响他现在的生活了。

这就是在别人不满足我们时我们可以做的事情——去探索自己的内心。当自己的内心发生变化时，也许就不再有那么强烈的需要了，或者也许就可以接受自己的需要有时就是得不到满足的了。

古语说"行有不得，反求诸己"，意思是什么事情如果做不成，就要反思自己，多从自己身上找原因。在实际的生活中，我们对自身的反思也许不能仅限于怎么才能做成事的这个层面，有时还要更进一步去反思我们为什么一定要做某些事情，特别是当我们得到满足会导致别人痛苦时。

祝幸福!

赵永久

2022 年 8 月 15 日于北京

附录一

100 个感受词辨别参考答案

以下词语通常用来形容人、事、物的状态或动作过程，而不是形容内心感受的。

1. *活泼*：用来形容人有生气和活力的状态。

2. *优秀*：用来形容一些人比其他人出色。

3. *认真*：通常用来形容人严肃、不马虎的做事态度。

4. *浮躁*：用来形容一些人轻浮、急躁的性格特点。

5. *自负*：用来形容一些人总是过高地估计自己的性格特点。

6. *无能*：用来形容一些人或群体没有能力的状态。

7. *醒悟*：用来形容人们从迷惑、错误中清醒觉悟过来的过程，动词。

8. *警惕*：用来形容人们对可能发生的危险或错误保持警觉的状态。

附录二
80 个相似感受词例句

这些例句是我根据自己的感受写出来的，仅供大家参考。前面讲过，同样的事情每个人的感受也会有不同，所以如果你的感受跟我不一样，也是很正常的。感受没有对错，只有"是什么"。

1. 当在湖里钓到一条大鱼的时候，我感到非常高兴！

2. 当跟家人一起去现场听相声的时候，我感到特别开心！

3. 当跟家人在海边度假的时候，我感到很快乐！

4. 当与朋友们一起聊天、唱歌的时候，我感到很愉快！

5. 当看到儿子写的小说的时候，我感到很欣慰！

6. 当看到桌上养的花开出花朵的时候，我感到喜悦！

7. 当一身大汗地锻炼完身体时，我感到身心舒畅！

8. 当在健身房推举哑铃，发力那一刻喊出来的时候，我感到心里很痛快！

9. 当唱完一首情感强烈的歌曲的时候，我感到心里很爽快！

10. 当把心里压抑的感受都表达出来的时候，我感到心里很畅快！

11. 当儿时过年去外公家，外公让我赶快进屋烤火，同时表达心疼我时，我感到温暖！

12. 当回老家一大家子人一起聚会的时候，我感到很幸福！

13. 当健身 5 个月发现体重减下来 5 公斤的时候，我感到满足！

14. 当工作间隙，靠在椅子上发呆的时候，我感到有一些惬意！

15. 当儿时家里粮食收割不过来，得到亲戚们帮助的时候，我感到感激！

16. 当看到电影中的父亲为了救自己的孩子愿意献出自己生命的时候，我感到特别感动。

17. 当第一次看到自己的文字变成铅字的时候，我感到有一些激动！

18. 当参加完精神分析连续培训全部课程的时候，我感到充实！

19. 当夏天刚从外面回到家里，室外就下起瓢泼大雨的时候，我感到庆幸！

20. 当钓完鱼回家洗掉身上的臭汗的时候，我感到舒服！

21. 当每个月还完信用卡和贷款的时候，我感到心里踏实！

22. 当儿子收到大学的录取通知书的时候，我感到放心！

23. 当讲完三天课程，不再想课堂里的事情和课程内容，完全进入休息状态的时候，我感到很放松！

24. 当一个课程讲了很多遍再讲的时候，我感到轻松！

25. 当健身房里没有其他会员，只有我一个人在健身的时候，我感到自在！

26. 当年龄越来越大，生活中大多数时候，我都感到平静！

27. 当一个长辈说心中对我有亏欠的时候，我感到宽慰！

28. 当就我的不周到向亲戚道歉之后，我感到坦然！

29. 当新书交稿的时候，我感到对新书出版的期待！

30. 当儿时没有什么课外书的时候，我感到对能拥有很多书籍的渴望！

31. 当锻炼身体伤到膝盖，跑不了步的时候，我感到对痊愈后再次开始跑步的期望！

32. 传说中有人大冬天，天不亮就在路上堵着婚车要香烟这样的事情真实地发生在我眼前的时候，我感到有些吃惊！

33. 当第一次看到我家狗狗可以单凭声音就能清晰分辨出门口出现的是客人还是快递小哥的时候，我感到非常惊讶！

34. 当多年前在一个非常不起眼的小池塘里连续钓到

三条浑身金黄的野生大鲤鱼的时候，我感到惊喜！

35. 当听说一个亲戚出车祸去世的消息的时候，我感到震惊！

36. 当半夜快要睡着，忽然听见小区院子里传来女人的尖叫声的时候，我感到诧异！

37. 当看到南方的钓友在家门口的河边就可以钓鱼的时候，我感到很羡慕！

38. 当早些年我钓不到一条鱼而旁边有人不断钓上鱼的时候，我感到有一点小嫉妒！

39. 当多年前还没有学习心理学而看到电视里的心理专家通过对话就能快速帮助来访者的时候，我感到仰慕！

40. 当看到给我们讲课的大名鼎鼎的精神分析老师那么和蔼可亲的时候，我感到心生敬慕！

41. 当我开始学习心理学、参加培训，看到老师把一个个复杂艰难的案例梳理得非常清晰的时候，我感到敬佩！

42. 当第一次到西藏，看到眼前一座座高高耸立的山峰的时候，我感到对大自然的敬畏！

43. 当几年前看到儿子冬天放学冻得小脸通红的时候，我感到心疼！

44. 当春节回老家把狗狗留在父亲住的小院，看到狗狗的眼神中充满了期盼的时候，我感到心中不忍！

45. 当因为一些原因春节没有回老家过年的时候，我感到对家乡亲人的想念！

46. 当多年都没有回过老家的时候，我感到对家乡的思念！

47. 当多年没见到亲戚家几个晚辈的时候，我感到对他们的挂念！

48. 当儿子刚出去住校的时候，我感到牵挂！

49. 当看到母亲留下的唯一一张彩色照片的时候，我感到对离开多年的母亲无比地怀念。

50. 当儿时家里缺失劳力，而我还没有那么大的力气多帮家里干活的时候，我感到苦恼。

51. 当儿时看到农村那些血缘关系很近的人吵架大打出手的时候，我感到很困惑！

52. 当儿时看到那些见面和颜悦色但私下里却相互伤害的人的时候，我感到迷惑！

53. 当多年前辞掉自己不喜欢的工作而还没有想明白未来自己想要做什么的时候，我感到有些许迷茫！

54. 当听到一些伤感的音乐，尤其在细雨纷飞的日子，我经常会感到淡淡的忧伤！

55. 当有一次健身，硬拉的力量上得有些大的时候，我感到对于是否会伤到膝盖的担忧！

56. 当儿时父亲生病的时候，我感到那段时间心头一直有着无法摆脱的忧愁！

57. 当想到亲戚家的一个孩子可能存在精神问题的时候，我感到忧虑！

58. 当儿时看到亲人们之间出现矛盾的时候，我感到苦闷！

59. 刚学钓鱼时，当我把各种招儿都用完了也没见一条鱼上钩的时候，我感到有些郁闷！

60. 母亲刚刚去世的那几年，我常常感到心情沉闷！

61. 当儿时小伙伴叫我出去玩儿而父亲不让的时候，我感到很烦闷！

62. 当钓鱼时一直有鱼吃食但就是不见鱼上钩的时候，我感到纳闷！

63. 当单位领导莫名其妙指责我的时候，我感到心中憋闷！

64. 当开车几十公里终于到了河边，但发现那个水域不允许钓鱼的时候，我感到失望！

65. 当第一次在野钓环境里钓到的一条大鱼，因为我不会遛鱼而跑了的时候，我感到有一点失落！

66. 当出去游玩车陷到泥坑里出不来的时候，我感到有一些无助！

67. 当眼看着大鱼把我的鱼竿拉断，带着鱼漂游向远方水域的时候，我感到无奈！

68. 当怎么劝说都无法改变亲戚之间的矛盾的时候，我感到无力！

69. 当连续多次都钓不到鱼的时候，我感到有一些挫败！

70. 当连续几次买的金鱼都养死了的时候，我感到有一些沮丧！

71. 当连续长时间在节假日工作，而没有好好休假的时候，我感到心累！

72. 前些年每每想到那条因为我不会遛鱼而跑了的大鱼时，我感到有一点遗憾！

73. 每每想到前些年因为车祸去世的朋友时，我感到非常惋惜！

74. 当新买的鱼竿第一次使用就被我不小心弄断了的时候，我感到有些可惜！

75. 当想到刚结婚那几年不懂得包容爱人的时候，我感到有些内疚！

76. 当想到多年前给朋友主持婚礼漏掉了一个环节的时候，我感到歉疚！

77. 当卸东西不小心磕掉了新车的车漆的时候，我感到有一点自责！

78. 当想到儿子小的时候，爱人一个人带他，而我心思经常都在工作上很少顾及，我就感到很惭愧！

79. 当年轻时一个人在外地过春节的时候，我感到孤独！

80. 当儿时下雨天没地方去玩儿的时候，我感到有点寂寞！

参考书籍

[1] 宫火良. 解读述情障碍：情绪信息加工的视角 [M]. 北京：科学出版社，2010.

[2] 萨提亚. 萨提亚家庭治疗模式 [M]. 聂晶，译. 北京：世界图书出版公司，2007.

[3] 马歇尔·卢森堡. 非暴力沟通 [M]. 阮胤华，译. 北京：华夏出版社，2018.

[4] 唐纳德·温尼科特. 成熟过程与促进性环境：情绪发展理论的研究 [M]. 唐婷婷，译. 上海：华东师范大学出版社，2017.

[5] 孙元平. 杏仁 [M]. 谢雅玉，译. 北京：民主与建设出版社，2019.

[6] 博斯克. 主体间性心理治疗：当代精神分析的新成就 [M]. 尹肖雯，译. 北京：中国轻工业出版社，2014.

[7] 麦克威廉斯. 精神分析诊断：理解人格结构 [M]. 鲁小华，郑诚，等译. 北京：中国轻工业出版社，2015.